Michael Stahl / Klaus Hettmer

# Geheimsache Männerherz

Michael Stahl / Klaus Hettmer

# Geheimsache Männerherz

Stahlhart, zerbrechlich & butterweich

GloryWorld-Medien

2. Auflage 2019

© 2018 Michael Stahl und Dr. Klaus Hettmer

© 2018 GloryWorld-Medien, Xanten, Germany

Bibelzitate sind, falls nicht anders gekennzeichnet, der Elberfelder Bibel, Revidierte Fassung von 1985, entnommen.

Weitere Bibelübersetzungen:
GNB: Gute Nachricht Bibel, 2002
HFA: Hoffnung für alle, Basel und Gießen, 1983
LUT: Lutherbibel, Revidierte Fassung von 1984
REÜ: Einheitsübersetzung in neuer Rechtschreibung, 2004
ZUR: Zürcher Bibel (Ausgabe 2007).

Das Buch folgt den Regeln der Deutschen Rechtschreibreform. Die Bibelzitate wurden diesen Rechtschreibregeln angepasst.

Lektorat: Klaudia Wagner
Satz: Manfred Mayer
Umschlaggestaltung: Rainer Zilly, www.kreativ-agentur-zilly.de
Foto: iStockphoto (sankai)
Druck: CPI books GmbH, Leck

Printed in Germany

ISBN: 978-3-95578-344-0

Bestellnummer: 356344

Erhältlich beim Verlag:

GloryWorld-Medien
Beit-Sahour-Str. 4
D-46509 Xanten
Tel.: 02801-9854003
Fax: 02801-9854004
info@gloryworld.de
**www.gloryworld.de**

oder in jeder Buchhandlung

# INHALT

## Teil 2: Geheimnisvolle Schatztruhe – Offene Männerherzen 107

## Teil 3: Ein Herz zum Verschenken (Klaus Hettmer)   155

# TEIL 1

## Herzensbildung

von Michael Stahl

# Ein Wort zuvor

Täglich lernen wir dazu. Oft meinen wir zu wissen, was Sache ist, bis Dinge in unserem Leben passieren, die unser Weltbild zusammenbrechen lassen. Erst dann entdecken wir manches ganz neu und verstehen vieles besser.

Meistens sind diese Erfahrungen mit Schmerzen verbunden, ausgelöst durch zerbrochene Beziehungen, Krankheiten oder sonstige Tragödien. Ich musste 37 Jahre alt werden, um zu lernen, wie kostbar es ist, seinen Papa zu lieben und ihn anzunehmen, wie er ist, auch mit seinen Versäumnissen. Ihn als den zu lieben, der er ist, und nicht für seine Taten. Ich brauchte 48 Jahre, um so manches besser mit dem Herzen verstehen zu können – nämlich ab dem Tag, als ich urplötzlich einen Herzinfarkt erleiden musste oder vielleicht sogar „erleben durfte" – und ich bin immer noch auf dem Weg.

Ich lebe jetzt ganz anders, bewusster und dankbarer. Begriffe oder Sätze, die das Wort „Herz" enthalten, haben eine viel tiefere Bedeutung für mich als je zuvor. „Etwas von Herzen schenken" oder „jemandem sein Herz zu öffnen" berührt mich mehr als früher. Genau das ist unsere Absicht mit diesem Buch: Unsere Herzen öffnen und daraus etwas schenken, damit viele Herzen tief berührt werden.

Einerseits haben mir in den über 25 Jahren Dienst (als Trainer für Selbstverteidigung, als Sprecher oder Projektleiter in Gefängnissen, Schulen, Gemeinden und Firmen oder als Besucher am Bett von Sterbenden) sehr viele Männer in persönlichen Gesprächen, Briefen oder E-Mails ihr Herz geöffnet. Auf der anderen Seite begegnete ich vielen Frauen, die mir erzählten, wie verschwiegen ihre Männer seien und wie wenig oder gar nicht sie über ihre Gefühle sprechen könnten. Im Alltagsleben drehe es sich in der zwischenmenschlichen Kommunikation häufig nur um oberflächliche Themen wie Fußball (oder Sport im Allgemeinen) und um das Wetter.

Was sich tatsächlich in den „Männerherzen" abspielt, wie es darin brodelt oder welche eigentlichen Sehnsüchte dort herrschen, bleibt oft eine „Geheimsache". Viele Männer berichteten mir, dass sie im Grunde keinen einzigen wahren Freund hätten, also einen, dem man wirklich alles sagen könne – und wenn ich „alles" sage, dann meine ich auch „alles".

Lasst uns also eine besondere Reise miteinander unternehmen – eine Reise in die geheime Welt der Männerherzen. Dabei wollen wir uns auch an die Sehnsuchtsebene heranwagen und ebenso den Einen kennenlernen, der das Männerherz selbst erschaffen und seine Sehnsüchte hineingelegt hat.

Bei der Entstehung dieses Buches hörte ich mir ab und zu das Lied „Großvater" von der Gruppe „STS" an. Mein Opa starb 1988, als ich gerade 18 Jahre alt war. Ich hatte relativ viel Zeit mit ihm verbracht und doch kaum etwas von ihm gewusst – von seinem Denken, seinem Fühlen und wie er wirklich war. Er war ein ruhiger Mann gewesen, meistens ernst. Ein Lächeln kam erst zutage, wenn er gelegentlich einen Schwips hatte. Wie es aber in seinem Herzen aussah, wusste ich nicht, und ehrlich gesagt, wusste er auch nichts über meines. Wir waren unfähig, unsere Männerherzen zu teilen, zu öffnen oder uns gar in den Arm zu nehmen. Heute, 30 Jahre nach seinem Tod, fehlt er mir mehr als je zuvor. Ich sehne mich danach, mit ihm zu lachen, wenn nötig zu weinen oder ihn einfach in den Arm zu nehmen bzw., dass wir uns gegenseitig halten.

Nach und nach erfuhr ich, dass er viel Schweres durchgemacht hatte: Gewalt im Elternhaus, Kriegserlebnisse, Verlust eines Sohnes, und in Gefangenschaft war er auch gewesen. Ich glaube, er war in Gefangenschaft bis an sein Lebensende.

Dieses Buch entstand aus einer Sehnsucht heraus, wenige Monate nach meinem Infarkt und mitten in der Angst und Sorge um meinen Freund Klaus Hettmer, der sich nach dem Fertigstellen dieses Buches einer schweren Herzoperation unterziehen muss. Klaus und ich kennen uns schon einige Jahre. Wir pflegen eine tolle Freundschaft und teilen unsere Herzen. Und beide erlitten wir fast im selben Zeitraum Bewegendes *mit* unseren Herzen.

Mitten in Angst, Niederlagen und Schwäche, aber auch mit Hoffnung, Trost und Freude am Leben schrieben wir dieses Buch. Es entstand in der Hoffnung, dass sich mehr und mehr Männer mit ihrer Lebensgeschichte versöhnen, ihre Herzen öffnen und Gott selbst hineinlassen, sodass er es vollständig ausfüllen kann und sie dadurch von ihm gesund geliebt werden – damit diese Liebe unsere Welt zu einem besseren Ort macht.

„Das Herz hat seine Gründe, die der Verstand nicht kennt", sagte Blaise Pascal. Aber Gott sagt: „Ich kenne deines Herzens Grund" (siehe Psalm 44 Vers 21).

Manche Schiffskapitäne behaupten, sie würden diesen See oder jenes Meer wie ihre Westentasche kennen. Ja, sie kennen möglicherweise die Strömungen und die Riffe wie kaum ein anderer, aber was am Grunde des Sees oder des Meeres liegt, welche versunkenen Schätze oder gar Giftfässer dort schlummern, wissen die meisten wohl nicht. Mit unserem Vater Gott, der es kennt, wollen wir dem Geheimnis des Männerherzens ein Stück weit auf den Grund gehen.

In diesem Sinne gehen wir es an und holen den Anker ein. Wir entbinden uns von allen Seilen, von allem, was uns an dieser Reise hindert, damit uns nichts mehr bremst, und setzen die Segel. So haben wir das Ziel fest im Blick – mit dem Wissen, dass Stürme zwar nicht ausbleiben werden, aber auch mit der Sicherheit, dass wir nicht allein sind. Wir haben den an Bord, der dem Sturm gebot und auch unsere Herzen beruhigen möchte – wozu er wirklich in der Lage ist.

HERZlichst
Michael Stahl

# KAPITEL 1

# Nackte Ohnmacht

Es war etwa eine Woche vor meinem Infarkt, als ich für mein Herz betete. Eigentlich waren es fast schon belanglose Worte – wobei Worte ja stets Macht haben. Beinahe beiläufig hatte ich Gott gebeten: „Bitte, bring mein Herz in Ordnung!" Damit meinte ich allerdings, dass einiges in meinem Leben besser laufen könnte, besonders mein Verhalten in so manchen Krisenmomenten (welche wohl ihre Ursachen auch im schweren Unfall meiner Familie im Jahr 2010 haben).

Doch Gott hat oft eine andere Sicht der Dinge und seine eigene Weise, Gebete zu erhören. Viele Fragen kann man deshalb nicht so ohne Weiteres beantworten. Warum ist dies passiert, weshalb jenes geschehen? Vielleicht erhältst du im Verlauf dieses Buches ein paar Antworten. Für die dann noch offenen Fragen bleiben Glaube, Vertrauen, Hoffnung und in allem die Liebe. Du darfst dich anvertrauen wie ein kleines Kind seinem Papa: Auch wenn es nicht weiß, wo und was er genau arbeitet und welche Gedanken er hat, so ist das Kind doch tief in seinem Herzen sicher, dass es vom Papa geliebt, versorgt und beschützt wird.

Ich hatte jedenfalls nicht geahnt, welch eine tickende Zeitbombe mein Herz bedrohte. Keine Anzeichen, keine Vorboten, einfach nichts.

Ich hielt einen Vortrag und befand mich, ohne es zu wissen, nur fünf Minuten von einer Herzspezialklinik entfernt. Allerdings schien das an einem Mittwochmorgen bei einem Frauenfrühstück kaum wichtig.

Während ich von einem sterbenden Mann berichtete, der mir in seinen letzten Atemzügen sein Herz geöffnet und Gott darin eingeladen hatte, wurde mir schwindelig. Ich versuchte, mich auf meinen Vortrag zu konzentrieren. Doch ich verlor mehr und mehr die Herrschaft über Körper und Verstand.

Mit letzter Kraft verließ ich die Bühne und setzte mich auf einen Stuhl. Im Saal herrschte Totenstille. Keiner begriff, was los war. Viele schauten mich verwundert an. Schließlich brach eine Dame das Schweigen:

„Gehört das zum Vortrag?", fragte sie.

Wäre es mir nicht so schlecht gegangen, wäre ich wahrscheinlich vor Lachen vom Stuhl gefallen. So aber verneinte ich und legte mich auf den Bühnenboden. Ich hatte keine Kraft mehr, war absolut machtlos. Die Augen auf und noch bei Bewusstsein, aber hilflos. Ich hatte die Kontrolle über mich verloren.

Der Notarzt wurde gerufen. Ein liebevolles Team kümmerte sich um mich. Eine weitere Ärztin wurde hinzugerufen. Spritzen, Infusionen, EKG und was weiß ich noch alles. Dann mit Blaulicht ab in die Klinik. Ich hatte keine Ahnung, was mit mir los war und somit auch nicht, was werden würde. Kurz bevor wir ankamen, sagte die Notärztin: „Herr Stahl wir sind gleich da. Dort werden mehrere Menschen sie in Empfang nehmen und sich von allen Seiten an ihnen zu schaffen machen. Vertrauen sie uns, das muss so sein!"

Ich verspürte Angst und fragte sie: „Was ist denn los?"

Sie meinte abermals nur: „Vertrauen sie uns!"

Dann ging alles extrem schnell. Ich lag in der Notaufnahme, und soweit ich mich erinnere, waren drei Personen um mich herum. Innerhalb kürzester Zeit zogen sie mich komplett aus, bis auf die Socken.

Ich hatte keine Ahnung was mit mir geschah. Da lag ich nun. Es herrschte reger Betrieb, und ich in meiner Nacktheit irgendwie und irgendwo dazwischen. Es gibt einen Vers in der Bibel, den man viel zu oft übersieht und der mich in meinem Herzen sehr berührt:

*... sie zogen ihn aus ...* (Mt 27,28).

Ein Gott, der sich ausziehen ließ. Der sich demütigen ließ. Der sich mit meiner Nacktheit und mit meiner Schwäche solidarisierte, damit er mich in meiner Nacktheit versteht. „Sie zogen ihn aus." Was für eine Liebe! Eine Liebe, die sich mit allen Büchern der Welt nicht beschreiben lässt.

Und wie war es nach dem ersten Sündenfall? Adam und Eva waren nackt und hatten Angst, wie ich in diesen Moment: nackt und mit einer Menge Angst. Es lässt sich kaum beschreiben.

Dann fragte ich den behandelnden Arzt, einen freundlichen, ruhigen und sachlichen Mann:

„Warum bin ich nackt?"

Er antwortete, ich hätte aller Wahrscheinlichkeit nach einen Herzinfarkt. Das traf mich wie ein Pfeil ins Herz. Ich hatte gedacht, nur mein Kreislauf habe ein wenig verrückt gespielt. Nach einigen Augenblicken fragte ich den Arzt:

„Und warum muss ich nackt sein?"

Er sagte, dass man mir einen Herzkatheder über den Arm legen wolle, und falls dies dort nicht gelänge, dann über die Leiste. Auf meine Frage: „Muss das sein?", schaute er mich erstaunt an und meinte:

„Unbedingt, sonst müssen sie sterben!"

Selbst jetzt, Monate danach, berühren diese Worte noch mein Herz.

Ich gab ihm also die Genehmigung, mir ganz nahezukommen und mein physisches Herz in Ordnung zu bringen. Wie hatte meine Bitte ein paar Tage vorher noch gelautet? „Gott, bring bitte mein Herz in Ordnung!" Nun wurde es in Ordnung gebracht. Zwar anders, als ursprünglich von mir gedacht, aber Gott nimmt unsere Gebete ernst. Und wie!

So legte ich mein kleines zerbrechliches Leben, mein Herz, in die Hände eines Mannes, den ich nicht kannte, von dem ich nicht das Geringste wusste, außer dass er Arzt war; und wenn man es ganz genau nähme, nicht mal das könnte ich mit absoluter Gewissheit behaupten. Trotzdem vertraute ich ihm mein Leben an.

Wir alle machen das öfter, als wir denken. Wenn wir ein Haus betreten, vertrauen wir dem Architekten und allen Arbeitern, dass sie ihren Job gut gemacht haben und die Hütte nicht über uns herabstürzt. Beim Betreten eines Zuges, eines Busses oder eines Flugzeuges vertrauen wir stets, dass man uns gut ans Ziel bringt. Wir vertrauen Personen, deren Herzensgrund wir gar nicht kennen.

Wie viel mehr ist das Evangelium von Jesus Christus vertrauenswürdig und können wir ihn ganz nah an unser Herz und sogar mitten hineinlassen. Ist es dir egal, was und an wen du glaubst? Dann höre, was ich dir aus meinem Herzen sagen will:

Er hat die unendliche Weite des Himmels verlassen, um uns von unseren Sünden zu erlösen, uns ewiges Leben zu schenken und vor allem, um mit uns zu leben. Dabei nahm er es in Kauf, unter dem Herzen einer Frau heranzureifen. Er verließ die Herrlichkeit des Himmels, um nackt im Dreck geboren zu werden und nackt im Dreck zu sterben. Man hatte ihn nie gewollt!

Als Maria und Josef eine Herberge suchten, bekamen sie zu hören: „Wir sind schon voll!" Es hat sich kaum etwas verändert. Die Welt will ihn nicht haben, sie ist schon voll. Sie hat eine Menge von dem anzubieten, was „voll macht" und doch werden wir immer leerer und ärmer an Liebe.

Außerhalb von Bethlehem geboren und außerhalb von Jerusalem gestorben, um inmitten unserer Herzen zu wohnen. Hände, welche einmal die Sterne geformt und den Planeten ihre Bahnen gegeben hatten, berührten nun den Blinden und den Aussätzigen und wuschen die Füße der Freunde, von denen er wusste, sie würden alle davonlaufen. Am Ende wurden diese Hände durchbohrt.

Die Füße, denen kein Weg zu weit gewesen war, nagelten sie ans Kreuz. Er tauschte die Himmelskrone gegen eine Dornenkrone ein. Dornen, die für Rebellion und Schmerz stehen, bohrten sich in sein königliches Haupt. Sie schlugen einen Stock auf seinen Kopf, misshandelten ihn und spuckten in sein edles Angesicht.

Nach all den Leiden und Qualen besiegte er den Tod, lief dem einen untreuen Freund hinterher, machte ihm Frühstück und fragte ihn:

„Hast du mich lieb?"

Was für ein Gott, der sich klein macht und quälen lässt, alle Schuld der Welt auf sich nimmt und sich von seinen eigenen Geschöpfen anspucken und verachten lässt! Ein Gott, der Füße wäscht, Frühstück macht und sich nach unserer Liebe sehnt.

Der Prophet Jesaja schreibt über ihn: *„Er war der Allerverachtetste ..."* (Jes 53,3 LUT). Das ist er immer noch.

Gibt es so einen Gott wirklich noch einmal? Ich persönlich glaube das nicht. Ich möchte meine Hoffnung auch nicht an „Gleichgültigkeit" hängen. Und was mich zusätzlich sehr bewegt, ist, dass der Name Gottes, „Jahwe", in seiner tiefsten Übersetzung „Ich bin für dich da!" bedeutet.

„Ich bin für dich da!" Kann es einen schöneren Namen geben?

Während der Arzt sich um mein Herz kümmerte, sprach ich mit „Ich bin für dich da!" Mitten in meinem stillen Gebet trafen mich die Worte des Arztes:

„Herr Stahl, schauen Sie mal nach oben auf den Bildschirm, Sie haben einen Herzinfarkt!"

Ängstlich folgte ich der Anweisung des Mannes und schaute nach oben. Mein unfachmännisches Auge sah mein Herz und eine Art „Knubbel" davor.

„Ich befreie sie davon." Er meinte wohl den Knubbel oder wie man das auch immer bezeichnen mochte.

Herzinfarkt! Nichts mehr war in diesem Augenblick so, wie es einmal gewesen war. Ich erinnerte mich an Freunde und Verwandte, die daran gestorben waren. Eine gewaltige Angst kam in diesen Minuten in mir hoch. Obwohl ich eigentlich weiß, dass in der vollkommenen Liebe keine Angst ist, hatte ich sie. Na gut, vielleicht bin ich kein Vorzeigechrist, vielleicht ist mein Charakter noch nicht so, wie er sein sollte. Vielleicht war das ja der Sinn meiner „Urbitte", Gott solle mein Herz in Ordnung bringen.

Mitten in meiner Angst um mein kleines bisschen Leben tat mir alles leid, was ich Menschen angetan hatte, und das war eine Menge - vor allem an „nicht erbrachter Liebe". Das hatte ich oft bei Sterbenden erlebt, dass sie bereuten, was sie nie getan hatten. Nun hatte auch ich eine große Sehnsucht danach, versöhnt mit meinen Mitmenschen zu sein, und die noch größere Sehnsucht, Gott noch einmal mein „JA" zu geben.

Wenn zwei Menschen heiraten, sollten schon beide „JA" sagen, sonst tritt das Bündnis nicht in Kraft. Und dann gibt es Gelegenheiten, in denen ein solches Bündnis noch einmal bekräftigt und bestätigt wird, um seinem Herzen Ausdruck zu verleihen. So erinnerte ich mich an meine geliebte Tante Elfriede und an meinen geliebten Onkel Heinz, die sich nach 50 Jahren Ehe noch einmal das „JA" gaben. Nun erneuerte auch ich mein Gelübde und lud den „Ich bin für dich da"-Gott in mein Herz ein. Ich spürte eine tiefe Liebe und empfinde sie auch jetzt beim Schreiben. Damals wie heute füllen angesichts seiner Gegenwart Tränen meine Augen. Sein Name „Ich bin für dich da" ist sein

Programm, sein Charakter, ja, sein ganzes Wesen. Das berührt mich im Innersten, im Grunde meines Männerherzens.

Als ich im Februar 2018 dort in der Klinik lag, wurde ich mit Liebe erfüllt. Ich hatte auf einmal keine Angst mehr, denn die Gegenwart der Liebe im Herzen treibt jede Furcht aus. Mitten im größten Sturm kam ich zur Ruhe. Gott beruhigte mein Herz.

Wie oft hörte ich in den Tagen und Wochen danach, welch großes Glück ich hatte, dass ich dies alles nicht im Schlaf habe erleiden müssen, denn sonst wäre ich vielleicht gestorben, und welch grandioser Zufall es doch gewesen sei, dass mich der Infarkt ausgerechnet neben einer Herzklinik traf. Glück und Zufälle sollten also dazu beigetragen haben, dass ich lebe? Wirklich? Und meine Bitte, mein einfaches schlichtes Gebet? Spielte das keine Rolle?

Gott nahe zu sein ist mein Glück, so verstehe ich den ersten Psalm. Seine Nähe ist mein allergrößtes Glück. Ich glaube, alle Menschen tragen diese Sehnsucht in ihrem Herzen, diesen Wunsch, nie allein zu sein, was auch immer geschieht und auf sie zukommt. „You never walk alone" wird in so manchem Stadion gesungen. Woher wissen sie das? Oder ist es nur eine Sehnsucht? Wenn ja, wo ist sie verankert und wer hat sie dort hineingelegt?

Selbst auf der Titanic war man sich in dunkler und kalter Nacht bewusst, dass es nur noch einen gibt, den man in aller Not bitten kann. Glücksbringer und Horoskope wurden nicht zu Hilfe genommen, sondern ein Lied sangen sie: „Näher, mein Gott, zu dir!" Ab Windstärke 10 gibt es keine Atheisten mehr! Vor kurzem sagte jemand zu mir: „Mein Glück basiert nicht auf leblosen Gegenständen, sondern auf dem Einen, der da ist, der mein Du und mein Gegenüber ist. Und an Zufälle glaube ich auch nicht, aber an Ereignisse, die uns zufallen."

Nach einigen Tagen durfte ich die Klinik verlassen. Meine Familie und Freunde waren ein großer Segen. Sie putzten, kochten, bügelten, erledigten Behördengänge und vieles mehr. Briefe, E-Mails und sonstige Nachrichten mit unbeschreiblicher Liebe und Wertschätzung trafen bei mir ein, und mein Herz wurde oft berührt. Keine einzige Sekunde möchte ich von all dem missen. Alles, was geschah, formte mein Herz und tut es noch.

Ich bin dankbarer geworden, genieße noch mehr den Augenblick und konzentriere mich mehr auf das Wesentliche.

„*Euer Herz erschrecke nicht!*" und „*Ich werde nicht sterben, sondern leben und des Herrn Werke verkünden!*" – diese Bibelverse wurden zu wichtigen Stützen in meinen Leben (siehe Johannes 14,1 und Psalm 118,17 LUT). Ja, mein Herz ist erschrocken, aber ich werde nicht sterben, sondern leben und des Herrn Werke verkündigen! Jetzt, genau in diesem Augenblick, während ich tippe und du diese Zeilen liest.

# KAPITEL 2

# Das Sturmkissen

Schon oft in meinem Leben hatte ich Angst gehabt, aber noch nie auf diese Weise. Als Kind hatte ich Ängste vor Ablehnung, Erniedrigung und Einsamkeit (obwohl ich in letzterer auch oft Frieden fand). Im Sicherheitsdienst hatte ich eine gesunde Angst, die mich vorsichtiger machte, aber nicht lähmte. Als meine Familie im Oktober 2010 einen schweren Autounfall hatte, war die Angst übermächtig gewesen. Aber dieses Mal war es eine andere Angst: die Angst zu sterben.

In den ersten beiden Wochen nach dem Infarkt war ich seelisch wie gelähmt, konnte kaum einen Menschen ertragen, verkroch mich im Haus oder ging „heimlich" spazieren und so ziemlich jedem aus dem Weg, der mir entgegenkam. Oft wollten Freunde mich besuchen, doch ich gab meiner Familie die Anweisung, dass ich niemanden sehen mochte oder konnte. Ich wollte nur mit dem „Ich bin für dich da" zusammen sein.

Die kleinsten Kleinigkeiten waren mir zu viel. Selbst einen Tisch zu decken, schien eine zu hohe Hürde für mich zu sein. Heute verstehe ich Menschen, die ihren Antrieb verloren haben, viel besser.

Quälende Fragen schossen mir immer wieder durch den Kopf. Wodurch wurde der Infarkt ausgelöst? Wie geht es weiter mit mir? Was bringt die Zukunft? Überlebe ich die kommende Nacht?

Die Antworten waren mir theoretisch klar. Was die Ursache des Infarkts angeht, bestand sie wohl in der Summe der Katastrophen, der Verluste und des Leides und auch mancher Rastlosigkeit. Und meine Zukunft? Ich wusste ja, wer meine Zukunft in seiner Hand hält. Wenn ich sterbe, weiß ich, wohin ich gehe. Viele Sterbende hatten mir schon gesagt, dass sie jetzt nach Hause gehen würden. Dahin werde auch ich eines Tages gehen. Im

Grunde genommen trage ich dieses Zuhause schon in meinem Herzen. Auch wenn diese Erkenntnis so wunderbar ist, so hatte ich dennoch Angst und Sorgen um meine Lieben, die ich zurücklassen würde, und wohl auch, weil ich an meinem Leben hänge.

Fast jeden Abend hatte ich Angst vor dem Einschlafen. Angst, im Schlaf zu sterben. Meine Ärztin beruhigte mich auf humorvolle Weise: Es sei ja dann egal, im Schlaf bekäme ich schließlich nichts davon mit. So hatten wir beide in ihrer Praxis etwas zu lachen. Sie ist eine tolle Ärztin und ein Segen. Doch ihre Antwort half mir leider nicht grundlegend. Mein „Einschlafproblem" blieb bestehen, die Angst im Schlaf zu sterben.

Einige Wochen nach meinem Infarkt durfte ich über mein „Erlebtes" sprechen. Es war nicht einfach. Doch noch vor dem Gottesdienst kam ein Mann auf mich zu. Er kannte mein „Schlafproblem" nicht, traf aber genau den Punkt:

„Weißt du eigentlich, dass Jesus im größten Sturm auf einem Kissen im Boot geschlafen hat?", fragte er mich und fuhr fort: „Obwohl er wusste, dass es Sturm geben und die Wellen ins Boot schlagen würden, hat er es sich auf einem Kissen gemütlich gemacht. Auf diesem Kissen ist noch Platz!"

Ich war tief berührt von den Worten des Mannes. Sie sprachen meine tiefsten Ängste und Sorgen an. Ab diesem Tag konnte ich wieder besser schlafen, in dem Bewusstsein, dass wir in den Stürmen des Lebens nicht alleine sind. Seitdem lege ich nun mein Haupt neben das meines Heilandes. Dort finde ich mehr und mehr zur Ruhe.

Die Worte „Gott nahe zu sein, ist mein Glück" (Psalm 73,28) haben eine ganz neue Bedeutung für mich, wie auch: „Bei Gott allein findet meine Seele Ruhe" (Psalm 62,2). Dies ist meine persönliche Erfahrung!

Auf diesem Sturmkissen ist noch jede Menge Platz frei!
Platz für jeden Einzelnen, auch für dich, der du das jetzt liest, und für alle Menschen auf der ganzen Welt. Dort können wir mitten im Getöse und Lärm dieser Zeit zur Ruhe kommen. Dort finden wir Geborgenheit in aller Unsicherheit.

Die Nächte nach dem schweren Unfall meiner Familie verbrachte ich damals am und im Krankenbett meiner kleinen Tochter, die ja im selben Krankenhaus lag, wie meine Frau. Wir hatten ein gemeinsames Kissen. Ich glaube, es tat ihr einfach nur gut, dass Papa da war. Auch wenn ich ihre körperlichen Schmerzen nicht lindern konnte, so gab es ihr doch Halt und Ruhe, dass ich bei ihr war.

„Unruhig ist unser Herz, bis es ruht in Dir."[1] (Schau dir dazu auch Psalm 42 an.)

Auch ich habe in dieser Hinsicht noch viel zu lernen. Im Moment befinde ich mich in einem gewaltigen, aber liebevollen Prozess und sollte mich viel öfter in dieses Sturmkissen kuscheln!

Und ebenso wünsche ich dieser doch sehr müde gewordenen Welt, dass sie sich auf diesem Kissen, auf das der „Ich bin für dich da" sein edles Haupt gelegt hat, mehr und mehr an Jesus kuschelt. Er ist der, welcher die Macht über alle Wellen und Stürme hat und der unseren Herzen Ruhe verschaffen möchte.

---

[1] Aus den Bekenntnissen des Hl. Augustinus, „Inquietum est cor nostrum, donec requiescat in te" (Augustinus, Confessiones I, 1).

# Kapitel 3

# Sehnsucht

Was ist Sehnsucht eigentlich genau? Wo hat sie ihren Platz? Wo kommt sie her? Dieses Gefühl des Verlangens, das mit einem gewissen Schmerz verbunden ist. Ist es vielleicht der innige Wunsch, das zu sehen, zu hören und zu fühlen, wonach das Herz sucht?

In vielen Gesprächen mit Männern hörte ich heraus, dass sie sich nach dem Lob ihres Vaters sehnten. Mehrmals erlebte ich auch bei Sportveranstaltungen, dass ein Kind nach einer gelungenen Aktion sofort nach außen schaute, ob Mama und Papa es gesehen hatten.

Im Schwäbischen gibt es einen Spruch: „Ned gschumpfa isch gnuag globt." Sicherheitshalber übersetze ich es: „Nicht geschimpft ist genug gelobt." Ist das wirklich genug?

Fehlt dieses Lob, versuchen wir Männer und Jungs es uns oft auf anderen Wegen zu holen oder zu kompensieren. Vor kurzem las ich einen Artikel: „Wenn der Vater fehlt, ist sich der Sohn fremd." Er berührte mein Herz, da ich ja selbst zwei Kinder habe und zum zweiten Mal verheiratet bin, und auch aufgrund der Tatsache, dass ich meinem eigenen Papa fast 37 Jahre lang aus dem Weg gegangen war. Vieles von dem, was ich hier schreibe, habe ich in verschiedenen Situationen schmerzhaft erlebt bzw. durchleben müssen.

Als Jesus am Jordan getauft wurde, war eine Stimme aus dem Himmel zu hören: *„Dies ist mein geliebter Sohn, an dem ich Wohlgefallen habe"* (Markus 1,11). Man könnte es noch vereinfachen, indem man übersetzt: „Du bist ein toller Kerl, ich bin so stolz darauf, dein Papa zu sein, und ich liebe dich!", oder so ähnlich.

Diese Kostbarkeit hörte Jesus, bevor er seinen Dienst antrat. Ich glaube, alle Kinder brauchen diese Zusage. Das ist wie ein Siegel ihres Papas. Aber was ist mit all den Vätern, die verletzend waren, die sich aus dem Staub gemacht haben oder starben? Kein Mensch auf dieser Welt ist ersetzbar. Umso mehr brauchen wir geistliche Papas: Opas, Onkel, Trainer, Pastoren, Lehrer usw., männliche Vorbilder, die loben und Liebe aussprechen können.

Wir wollen uns nun auf die Männerherzen bzw. auch auf die „heranwachsenden" Männerherzen konzentrieren. Sie sehnen sich so sehr nach Aufmerksamkeit, Anerkennung und Liebe. Was ich nun schreibe, basiert auf der Grundlage sehr vieler Gespräche in den verschiedensten Einrichtungen wie z. B Gefängnissen, Suchthilfegruppen oder Männergruppen.

## Die Suche nach Erfolg

Man(n) kämpft bis zum Umfallen. Man(n) ist oft rastlos, um die Anerkennung der Welt zu bekommen. In einem Artikel las ich einmal, dass die meisten Topmanager in den USA nur kurze Zeit nach ihrer Pensionierung sterben. Sie haben keine Aufgabe und dadurch auch keine Bestätigung mehr.

Über Udo Jürgens gab es einmal eine sehr beeindruckende Dokumentation. Der Grund, warum er nach Konzertschluss noch einmal mit seinem berühmten weißen Morgenmantel auf die Bühne kam, war, dass er in der Kabine einer der einsamsten Menschen der Welt war. Er musste noch einmal hinaus, um sich den Applaus des Publikums zu holen. Deshalb war er auch noch mit 80 Jahren auf Tournee, wohl nur aus einer Sehnsucht heraus. In einem Interview gab er zu, dass einer der schönsten Momente seines Lebens gewesen sei, als seine Eltern ihn gelobt hatten.

Udo Jürgens bezeichnete sich selbst als einen „ewig Suchenden". Er starb in einem Schweizer Ort namens „Gottlieben". Ich hoffe, er hat es noch getan. Das wünsche ich ihm und jedem Menschen auf der Welt, dass er Gott von ganzem Herzen lieben kann. Ich hoffe, seine Suche ist nun zu Ende und er hat gefunden, was alle Erfolge, Frauen sowie Gold- und Platin-Schallplatten ihm nie hatten geben können.

## Die Muskelberge

Zwei Millionen Deutsche nehmen angeblich Drogen, um mehr Muskeln aufzubauen. Welche Sehnsucht steckt dahinter? Ich finde es toll, wenn wir uns aus Liebe zu uns selbst um unseren Körper kümmern und ihn ehren und pflegen. Aber wenn Drogen im Spiel sind, ist wahrscheinlich etwas Trauriges passiert. Etwa ein Mangel an Liebe? Ich glaube, je größer die Muskeln sind, desto eher wird man beachtet, desto eher vielleicht auch gelobt. Ist es diese Sehnsucht nach Anerkennung, nach Lob?

Was passiert, wenn durch Alter oder Krankheit eines Tages die Muskeln kaum noch vorhanden sind? Sind wir dann auch weniger wertvoll? Ich glaube, die Tatsache, dass Drogen herhalten müssen, um Berge von Muskeln zu erzeugen, dient hauptsächlich zur Selbstbestätigung, manchmal auch nur zum Schutz und zur Abschreckung. Und vielleicht sind sie letzten Endes nur ein großer Schrei nach Liebe.

## Sexuelle Abenteuer

Wer hat es nicht schon gehört, das große Prahlen mancher Männer in Bezug auf das weibliche Geschlecht? Wer schon wie viele Frauen hatte – und was für tolle! Welche Sehnsucht könnte sich dahinter verbergen?

Eines Tages durfte ich mit vielen Jugendlichen in einer deutschen Großstadt arbeiten; darunter war auch eine etwa siebenköpfige Jugendgang. Der Anführer war 17 Jahre alt und machte mächtig auf hart und cool. Während unseres Trainings fing ich an, ihn zu loben und legte dabei meine Hand auf seine Schulter, mit den Worten: „Das hast du toll gemacht!" Wie gelähmt starrte er auf meine Hand – diese Geste war er wohl nicht gewohnt – und entgegnete mir: „Hey Alter, was geht mit dir?" Ich bestätigte ihm das Lob und sagte: „Du bist ein feiner Kerl!"

Dann fragte ich: „Hast du eigentlich schon eine Freundin?" Seine Antwort kam überlegen und laut: „Na klar, Alter, ich habe vier Stück auf einmal, und ich hatte schon jede Menge Freundinnen." Mitten in seine Prahlerei sagte ich: „Kann wohl gut sein, dass dein Papa dich nie oder selten gelobt hat." Sein Lachen gefror. Sein Blick wurde starr. Er war tief in seinem Herzen getroffen.

27

Ich bat ihn, seine Gang und alle Teilnehmer auf dem Boden Platz zu nehmen und erzählte meine Geschichte. Der Junge, der angeblich schon so viele Frauen hatte, der so viele Menschen verletzte, der so hart und cool war, saß mit Tränen in den Augen auf dem Boden. Er scheute sich nicht, vor den anderen zu weinen.

Mitten in seinen offensichtlichen Schmerz hinein fragte ich ihn: „Wie oft hat dich dein Vater verprügelt?" Er meinte: „Sehr oft!" „Und wie oft hast du andere verprügelt?" Daraufhin sagte er schweren Herzens: „Sehr, sehr oft!" Und dann vor allen anderen in klarem und lautem Ton: „Weißt du, Michael, du bist der erste Mann in meinem Leben, der mich gelobt hat." Noch heute bekomme ich eine Gänsehaut, wenn ich an diesen Kerl denke. Er öffnete sein Herz den anderen und mir gegenüber, und ich glaube, sogar sich selbst gegenüber.

Vielleicht steckt hinter vielen sexuellen Beziehungen die Sehnsucht nach Lob. Lob, welches von ganz wichtigen Menschen nicht kam und man nun von anderen erwartet.

## Raser

Warum gibt es illegale Autorennen? Warum rasen manche ohne Rücksicht auf Verluste?

Hier kann ich Persönliches berichten. 2010 raste ein junger Kerl in das Auto meiner Frau. Ihre Freundin starb an Ort und Stelle. (Meine Frau und meine kleine Tochter überlebten wie durch ein Wunder. Meine Frau musste sich mühsam wieder ins Leben kämpfen.) Der junge Mann war etwa doppelt so schnell gefahren wie erlaubt. Bereits mit 25 Jahren war ihm mehrfach der Führerschein abgenommen worden.

Später erfuhr ich, dass sein Papa ihn verlassen hatte, als er noch ein kleiner Junge war. Das so wichtige Lob, die Anerkennung und Liebe des Vaters hatte er nicht bekommen. Der Mangel an Liebe hatte seine Kreise gezogen und zu einer Katastrophe geführt, die sehr viel Leid hinterließ.

Liebe hat Macht. Liebe, die nicht ausgesprochen und gelebt wird, hinterlässt auch Spuren und hat somit ebenfalls Macht. Unfälle und Katastrophen passieren. Ja, das stimmt! Aber niemand, der seinen Wert kennt, rast mit doppelter Geschwindigkeit über die Straßen und bringt sich und andere dabei in Gefahr.

Der Raser selbst blieb fast unverletzt. Noch bevor unsere Freundin zu Grabe getragen wurde, bin ich zu ihm gefahren und habe ihm vergeben. Er verstand die Welt nicht mehr. Es tat ihm schrecklich leid, und am liebsten hätte er nun sein eigenes Leben gegeben, um das Geschehene wieder rückgängig zu machen, wie er mir unter Tränen gestand.

„Warum vergeben Sie mir?", fragte er mich schweren Herzens.

„Weißt du", sagte ich, „ich kann nicht mehr schlafen und habe stets Angst, wenn das Telefon klingelt. Wenn ich dich jetzt hasse oder Wut auf dich habe, dann verliere ich die letzte Kraft, die ich noch habe. Ich vergebe dir nicht, damit du frei bist, sondern damit ich frei bin."

Gott vergibt uns, damit wir frei sind. Und wir können in gleicher Weise vergeben (denn wir haben seinen Geist), und zwar nicht nur (wie ich damals sagte), damit wir frei sind, sondern tatsächlich auch, damit der „Schuldige" wieder frei sein und einen neuen Anfang machen darf.

Mein *Verstand* wehrte sich damals dagegen, zu diesem jungen Mann zu fahren, doch mein *Herz* zog mich zu ihm, und ich bin froh, dass ich meinem Herzen gefolgt bin, da ich nie Wut oder gar Hass auf ihn hatte – nie! Jegliche Wut und jeder Hass hätten nur mich selbst zerstört und Stück für Stück auch die Menschen in meinem Umfeld – so viel Macht wollte und durfte ich dieser Lieblosigkeit nicht geben.

## Sehn-Sucht

Was, wenn alle Versuche scheitern, unsere wahre Sehnsucht zu stillen? Nicht selten endet unerfüllte Sehnsucht in Sucht. Ich sorge mich um jene, die aggressiv sind, aber noch mehr um jene, die still geworden sind. Aggressivität ist oft noch ein Zeichen, um auf sich aufmerksam zu machen. Deshalb finde ich es so wichtig, Aggressionen in gute Bahnen zu lenken, sie nicht zu unterdrücken, sondern durch Gespräche, Sport oder sonstige Maßnahmen kontrolliert freizulassen. Kampfsport mit tollen Leitern, die zugleich auch eine wichtige Vorbildfunktion haben, kann ich hierbei sehr empfehlen.

Aber was wird aus denen, die still geworden sind? Was geht in ihren Herzen und Köpfen vor sich? Was ist mit den vielen Kids, die nur noch stundenlang in irgendwelche Kisten starren, Tag für Tag? Ist es wirklich ihre Sehnsucht, vor kalten und leeren Bildschirmen zu sitzen? Warum bauen sie virtuelle Siedlungen, ist es in ihren Siedlungen nicht mehr schön? Warum bauen sie Zivilisationen auf fremden Planeten? Hat unser eigener Planet seine Schönheit verloren?

Seit Jahrzehnten betreibe ich Kampfsport mit Heranwachsenden und stelle mit Bedauern fest, dass unsere Kinder kaum noch „Purzelbäume" können. Früher hörte ich oft von Waldsterben, heute kann ich zumindest bestätigen, dass die „Purzelbäume" aussterben. Rückwärts joggen wird immer „gefährlicher" und das gesunde Raufen mehr und mehr zur Seltenheit. Dadurch fehlt es auch an der so wichtigen Körperspannung.

Warum ist das so? Ich glaube ein paar Antworten zu kennen. In den Kindergärten gibt es kaum noch männliche Erzieher, in den Grundschulen nur wenige Lehrer. Ein Großteil der Väter sind nicht mehr da. Und selbst wenn Väter da sind, dann heißt es noch lange nicht, dass sie sich Zeit nehmen und Lob und Liebe aussprechen.

Weil viele Menschen schon viele Enttäuschungen erlebt haben, fehlt es mehr und mehr an Vertrauen. Dadurch wächst die Angst. Doch wenn wir unsere Kinder mit Angst erziehen, werden wir ängstliche Kinder haben.

Um noch mehr hinter die wahren Mängel zu kommen, habe ich viele Jungs in etlichen Ländern gefragt, was sie in ihrer Freizeit am liebsten mit ihren Vätern und Großvätern machen würden.

Zuerst möchte ich dir sagen, welche Antwort ich *nie* hörte. Nie hörte ich: am PC sitzen oder vor dem Fernseher herumhängen. Die Antworten waren und sind stets dieselben. Egal ob ich in Deutschland, Italien, der Schweiz oder Österreich fragte. Es war auch egal, welcher sozialen Schicht die gefragten Jungs angehörten. Es schien so, als habe jemand in fast alle Herzen dieselben Sehnsüchte geschrieben:

- Baumhäuser bauen
- Fischen
- Klettern
- Drachen bauen und steigen lassen

- Fußballspielen
- Am Lagerfeuer sitzen
- Eine Floßfahrt
- Toben – Kämpfen – Raufen – usw.

Das sind ihre Sehnsüchte.

Ich bin der festen Überzeugung, dass Großes passieren wird, wenn wir in die Sehnsucht unserer Söhne hinein unsere eigenen Herzen öffnen. Unsere „Triumphe" und „Siege" mögen so manchen Menschen von uns wegtreiben, aber das Eingeständnis unserer Schwächen und Niederlagen kann ein großer Gewinn sein, um das Vertrauen unserer Kinder und Enkelkinder zu gewinnen. So kann es gut sein, dass unsere Söhne ihren Vätern und Großvätern gegenüber ihre Herzen öffnen, während wir ihre Sehnsüchte stillen.

Männer, vergesst nicht mit euren Söhnen und Enkelsöhnen das Baumhaus zu bauen, im Garten herumzutoben, den Drachen steigen zu lassen oder einfach nur mal miteinander zu raufen. Das ist ihre Sehnsucht. So zumindest wurde es mir unzählige Male ans Herz getragen.

Und vergesst dabei nicht das Wichtigste: ihnen Lob und Liebe auszusprechen.

- Aus deinem Wort: „Du bist…" wird eines Tages ihre Überzeugung: „Ich bin …"
- Aus deinem „Du bist geliebt" wird viel eher ihr „Ich bin geliebt".
- Aus deinem „Du bist mein Sohn" wird für ihn „Ich bin Sohn".

(Ich selbst wollte fast 37 Jahre kein Sohn sein. Ich wurde erst Sohn, als ich es sein wollte.)

Wir sollten daran denken: Wenn wir einen Satz mit „Du bist" beginnen, bestimmen die Worte stets auch die Identität eines Menschen und beeinflussen vielleicht seine Selbsteinschätzung. Darum sollten wir darauf achten, dass nach „Du bist" alles weitere Gesagte in Liebe stattfindet.

Ich glaube, dass wir die Herzen unserer Söhne zum Guten formen, wenn wir ihre wahren Sehnsüchte stillen und die Sätze aussprechen, die „lebensnotwendig" sind. Ja, wir dürfen das wörtlich nehmen: Solche Sätze können das Leben in Notsituationen maßgeblich zum Guten wenden.

## Töchter

Wir wollten uns zwar in diesem Buch sehr intensiv um die Männerherzen kümmern, doch möchte ich es nicht versäumen, allen Vätern zu sagen, wie sehr eure Töchter eure Zusagen brauchen, dass sie geliebt und schön sind. Falls dieses Lob ausbleibt, kann es gut sein, dass sie es sich von anderen Männern dieser Welt holen und manchmal auch nicht von wenigen.

Wie kostbar und schön ist es, wenn ein Vater seine Tochter in die Kirche hinein und ihrem zukünftigen Mann zuführt. Für mich bedeutet es: Papa ist der erste Held, ihr erster Bodyguard. Er gibt sie jetzt aus seiner schützenden Hand in die Hand ihres zukünftigen Mannes. Achten wir darauf, dass wir diese kostbaren Momente nicht verpassen.

Ich selbst bin schon oft schuldig geworden an der Liebe, die ich *nicht* erbracht habe. Wie gut, dass ich an einen Gott glaube, der auch für all das bezahlt hat, für das, was ich nie getan habe, und der mir jeden Augenblick einen Neuanfang schenken mag.

So lasst nun alle Dinge in der Liebe geschehen und sprecht sie mehr und mehr aus. Und vergesst nicht: Jeder Tag ist ein unbeschreibliches Geschenk!

Eure Kinder warten auf eure Worte des Lobes und der Liebe. Manche warten ein Leben lang. Doch für dich, der du das jetzt liest, ist vielleicht jetzt in diesem Augenblick der beste Zeitpunkt gekommen, zu deinen Kindern zu gehen oder sie JETZT anzurufen. Bitte: Erwarte nichts von ihnen, aber sei bereit, alles zu geben: deine Offenheit, deine Liebe und dein Herz. Jetzt ist ein guter Moment, denn alles, was wir aus Liebe tun, kann nie verkehrt sein.

# KAPITEL 4

# Der Herzensgarten

Schon als kleiner Junge hatte ich so oft die Sehnsucht, einmal dort sein zu dürfen, wo Jesus lebte. Ganz besonders berührte mich die Tatsache, dass Jesus einst im Garten Gethsemane weinte und Angst hatte. Irgendwie konnte ich und kann ich es immer noch nicht richtig begreifen, dass der Herr aller Herren, der König der Könige, das Alpha und das Omega einmal dort im Staub lag, weinte und Angst hatte. Vielleicht benötige ich sogar die ganze Ewigkeit dazu, um diese Liebe zu verstehen.

Nackt wurde er im Schmutz eines Viehstalls geboren und ebenso nackt sollte er in Kürze an einem römischen Holzkreuz außerhalb der Stadt sterben. Und auch hier im Garten liegt er im Staub der Erde, der Herr aller Herren, und schwitzt Blut vor Angst. Sein Gewand ist mit Erde, Tränen und auch Blut beschmutzt. Es muss ein trauriger und erschreckender Anblick gewesen sein.

Sollte etwa der, welcher hier liegt, tatsächlich der Erlöser der Welt sein – also die Lösung aller Probleme, aller Schuld, die offene Antwort auf alle Fragen – dieser gekrümmte, beschmutzte „Mensch"? Ist dieser wirklich der Designer aller Herzen – der Eine, dem die tiefsten und geheimsten Winkel unseres Herzens vollkommen vertraut sind? Ja, er ist es! Denn er trug *unsere* Sünde und nahm *unsere* Schuld – und darüber hinaus alle unsere Ängste – auf sich! Hier zeigt uns Jesus einen Einblick in sein Herz – seine Liebe zur Erlösung der ganzen Menschheit – so zumindest nimmt mein Herz es wahr.

Einige Augenblicke später – so beschreiben es die Evangelisten – kam eine Schar von Hauptleuten und Tempelältesten sowie der Hohepriester selbst mit einer großen Volksmenge zusammen in den Garten, mit Schwertern und Stöcken bewaffnet, um Jesus gefangen zu nehmen – ein wirklich großes Aufgebot, um einen „harmlosen" Wanderprediger zu verhaften.

Als ehemaliger Einsatzleiter im Sicherheitsdienst habe ich viele Gefahren erlebt. Wenn es „Streit in der Bar" oder „auf dem Parkplatz" hieß, nahm ich mir eine Handvoll Männer mit. Auch gemeinsam mit der Polizei habe ich schon so manche Festnahme durchgeführt, aber wir waren nie mehr als nur *ein paar* Männer.

Weshalb nun dieses Großaufgebot? Könnte es sein, dass sie zuvor bereits seine Stimme erlebt hatten – eine Stimme, die mit Vollmacht und ohne Mikrophon zu Tausenden gesprochen hatte? Könnte es sein, dass sie ihn erlebt und das Feuer in seinen Augen gesehen hatten, als er den Tempel reinigte? Seine Autorität, als er Tische umwarf und die Geldwechsler davonjagte? (Und ich bin mir absolut sicher, dass er sie währenddessen auch liebte!) Weshalb sonst sollten so viele Schwerbewaffnete in meinen Lieblingsgarten kommen, um einen einzigen Mann festzunehmen?

Sein Verräter stand ihm gegenüber. Wie sehr muss es Jesus geschmerzt haben! Und wie sehr erstaunt es mich in diesem Augenblick, wie Jesus den Judas ansprach: „Mein Freund!"

Stell dir einmal kurz den Menschen vor, der dir – oder einem deiner Lieben – am meisten wehgetan hat: Was empfindest du? Was geht dabei in deinem Herzen vor sich? „Mein Freund"? Wäre das deine Anrede?

Welch eine Größe, welch eine Liebe, welch ein „Mensch"! (Pilatus war wohl ein paar Stunden später genauso fasziniert von Jesus, als er sprach: „Ecce homo!" – Seht, welch ein Mensch!)

„Keiner ist wie du, niemand sonst berührt mein Herz so wie du …", heißt es in einem Lied. Ja, Jesus ist wirklich mit nichts und niemandem zu vergleichen. Während er kurz zuvor noch unter der Schuld und Furcht der Menschen im Staub gelegen hatte, stand er hier einer Menge von Bewaffneten gegenüber und fragte völlig souverän: „Wen sucht ihr?"

Als ihm die Schar zu verstehen gab, dass sie Jesus von Nazareth suchten, antwortete er mit: „Ich bin es!" Auf diese Antwort hin, so beschreibt es Johannes, wichen sie zurück und fielen zu Boden – die bewaffneten Hauptleute, die Obersten des Tempel und die Menge der Schaulustigen, die von hinten nachgedrängt hatte. Wie die Dominosteine. Mit rasselnden Schwertern und klappernden Stöcken gingen sie in die Knie und fielen durcheinander und übereinander. Umwerfend und entwaffnend, im wahrsten Sinne des Wortes!!!

Wir brauchen uns unserer Tränen nicht zu schämen, denn Jesus weinte für uns. Es ist nicht schlimm, in Ängsten am Boden zu liegen, denn er lag für uns im Staub und hielt unsere Angst aus. Deshalb können wir in allen Situationen wieder aufstehen und unsere Furcht abschütteln, denn er sagt zu uns: „Fürchte dich nicht! Ich habe die Welt (mit ihrer Furcht) überwunden!"

Wenn du auf dem Boden liegst, scheue dich nicht, Hilfe anzunehmen! (Selbst Jesus bat seine Freunde, mit ihm wach zu bleiben und zu beten.) Aber steh wieder auf! Steh wieder auf! Öffne dein Herz für Gott und für einen oder mehrere Freunde! Bitte um Gebet! Steh wieder auf und sei dir bewusst, dass deine Liebe zu Gott, dein Vertrauen und seine bedingungslose Liebe zu dir dich stärken, dir Kraft geben und dir Trost spenden! Er vermag dir Hoffnung und Zuversicht zu schenken, sodass sogar Scharen von Problemen, Sorgen und Schwierigkeiten zurückweichen und in die Knie gezwungen werden.

So lag auch ich persönlich schon oft auf dem Boden und weinte manches Mal. Manchmal hatte ich schon gar keine Tränen mehr. Ich versteckte mich 37 Jahre hinter meiner Maske, bis zur Versöhnung mit meinem Papa. Meine Maske bestand aus Härte und falschem Stolz; keiner durfte sehen, wie es wirklich um mein Herz stand. Nicht einmal ich selbst wollte mir das ansehen. Die Welt bietet so einiges an Flucht- und Betäubungsmöglichkeiten. Eine „tröstliche" Variante war zum Beispiel, dass ich mich in Arbeit und Training flüchtete.

Ich habe mich mit Schuld, Scham und Schmerz beladen. Wie kostbar, dass Jesus selbst für alle meine Schamhaftigkeit und meine Schuld durch seine Schmerzen bezahlt hat.

Mein Herz fängt an, manches zu verstehen. Dadurch, dass Jesus sein Herz mit mir teilt, wird meines langsam wieder ganz. Die Tatsache, dass er sein Herz zerreißen ließ, heilt mein Herz Stück für Stück. Durch seinen Herzschmerz wird meines gesund geliebt.

Heinz Rudolf Kunze sang vor vielen Jahren: „Dein ist mein ganzes Herz." Ich glaube, Jesus ruft dies jeden Augenblick allen Menschen auf dieser Welt zu. Dieses Rufen nennen wir, so glaube ich, „Sehnsucht".

Außerdem bin ich mir sicher, dass er uns alle immer und immer wieder fragt: „Liebst du mich?" Ich bin der festen Überzeugung, dass nur in dieser Liebe, durch sie und mit ihr unsere Herzen heilen. Liebe ist die Kraft, die wahre Macht, die alles ändern kann. Die allerdings nichts einfordert. Sie nimmt es in Kauf, abgelehnt zu werden. Gerade deshalb ist sie so besonders, so einzigartig. Die Liebe in Person hing am Kreuz – sie gab alles und erwartete nichts.

Einmal im Jahr reise ich mit über 50 Männern ins „Heilige Land" und durfte bisher jedes Mal eine Andacht in meinem „Herzensgarten" halten. Während draußen die Touristen in großen Mengen durch die Straße liefen und der Verkehrslärm sein Übriges tat, war es in diesem Garten – der ein Stück weit auch „mein" Garten ist – so ganz anders. Fernab ab vom Rummel hatten wir stets einen separaten Teil nur für uns. Stille umgab uns, und bis zum letzten Mann spürten wir: Dieser Garten ist nicht wie alle anderen.

Jedes Mal öffnete ich mein Herz, und jedes Mal weinte ich dort und mit mir stets fast alle Männer. Viele öffneten hier zum ersten Mal ihr Herz. Während ich diese Zeilen eintippe, bin ich im Geist im Garten und sehe noch einmal, wie Väter ihre erwachsenen Söhne in ihren Armen hielten, und andersherum die Söhne ihre Väter. Hier begann Heilung, ein neuer Anfang.

*Er wird das Herz der Väter wieder den Söhnen zuwenden und das Herz der Söhne ihren Vätern* (Mal 3,24 REÜ).

Diese Prophezeiung des Maleachi durften wir ein Stück weit live erleben. Hier wurde so manches geheime Männerherz zu einem offenen. Masken und Tränen fielen auf den Boden dieses einmaligen Gartens. Es waren stets heilige Momente.

Diese heiligen Momente kann man überall erleben. Überall dort, wo man sein Herz aus Liebe öffnet. Dazu braucht man nicht unbedingt diesen wunderbaren Garten. Dazu braucht man den, der in diesem „Heiligen Garten" sein Herz an uns verschenkte. Dieses Herz, welches so große Angst hatte und sich doch dafür entschied, alles für dich und mich zu geben.

Es gibt Momente, da schließe ich meine Augen und stelle mir vor, wie er wohl dort zwischen den alten Ölbäumen im Staub lag. Wie sehr muss sein Herz geschlagen und gebebt haben! Schrie er oder flüsterte er? War seine Stimme klar? Oder stammelte er seinen Schmerz in den Himmel oder in die Erde des Gartenbodens? Es muss unbeschreiblich gewesen sein, und dies alles nur aus einem einzigen, wahren Grund: LIEBE!

Liebe, nichts als Liebe!

Es war die Liebe in Person, damals im Garten. Die Liebe selbst verschenkte ihr Herz an dich und mich.

Für mich ist der Garten Gethsemane mein „Herzensgarten" geworden, denn dort durfte ich persönlich einen Teil des Herzens Gottes erleben und fühlen. Dort wurde mein Herz berührt wie kaum an einem anderen Ort.

# KAPITEL 5

# Das Versprechen

Es gibt eine Person in der Bibel, die nur sehr kurz in Erscheinung tritt, verbunden mit einer Geschichte und einem Versprechen, das mein Herz total berührt. Es ist die Geschichte von Dismas[1], einem Mann, der wohl Zeit seines Lebens sein Herz nicht geöffnet hatte oder es nicht hatte öffnen können. Ich habe meiner Fantasie einmal freien Lauf gelassen und mir diesen Mann vorgestellt, einen Mann, dessen Herz während seiner letzten Atemzüge berührt und verändert wurde. Vielleicht können wir alle von ihm, einem ehemaligen Verbrecher, etwas lernen.

Hier nun die Geschichte, wie ich sie mir in meiner Fanatasie vorstelle:

Dismas wurde vor etwa 2000 Jahren im römisch besetzten Judäa geboren. Doch von Anfang wollte man ihn nicht. Er war nicht aus Liebe heraus gezeugt worden! Seinen Vater lernte er nie kennen. Er wurde im Elend geboren. Kein Jubel entbrannte, als er das Licht der Welt erblickte, im Gegenteil, man fragte sich, wohin mit dem kleinen Bastard.

So wurde Dismas bereits von Anfang an hin und her geschoben. Er hatte keine Eltern, die sich fürsorglich liebten und ihre Kinder wertschätzend behandelten; das kannte er nicht. Er konnte sich nicht erinnern, wann er einmal von einem Erwachsenen ein

---

[1] Dismas (auch Dysmas, Dimas oder seit dem Mittelalter Dumachus; † um 30 in Jerusalem) ist in der christlichen Tradition der Name des mit Jesus gekreuzigten „rechten" („guten") Verbrechers oder Schächers, der nach dem Lukasevangelium am Kreuz Reue zeigte, wofür ihm Jesus das Paradies versprach (Lk 23,39ff REÜ). Sein Name wie auch der des linken Schächers Gestas, der Jesus noch am Kreuz verspottete, wird erstmals im apokryphen Nikodemusevangelium genannt – Wikipedia, Stichwort Dismas, Zugriff am 27.08.2018.

Lob bekommen oder wo man ihm ein freundliches Lächeln geschenkt hatte.

So musste Dismas sich bereits in jungen Jahren im wahrsten Sinne des Wortes alles erkämpfen. Keinem Streit ging er aus dem Weg, häufig flogen die Fäuste. Auf diese Weise verschaffte er sich den Respekt und die „Anerkennung", die er sich wünschte. Aber irgendwie wurde seine Sehnsucht trotzdem nicht gestillt.

Dismas wuchs zum Mann heran. Er war gefürchtet. Man machte einen Bogen um ihn. Und er nahm sich, was und wen er wollte. Kaum eine Frau, die ihm gefiel, war sicher vor ihm. Doch wie viele er auch hatte, seine Sehnsucht stillte das nicht.

Es kam, wie es kommen musste. Es war nicht geplant. Es hatte sich einfach so ergeben: Während eines Raubüberfalls tötete er einen Mann. Irgendwie ließ es ihn kalt. Er war selbst von so vielen Menschen misshandelt worden, und genauso misshandelte er andere. Der Mord an diesem Mann war nur eine „kleine" Steigerung von all dem, was er bereits getan hatte.

Jetzt stand er ganz oben auf der „Fahndungsliste" der Römer. Auf eine gewisse Weise hatte er es „geschafft": Man kannte und fürchtete ihn. Keiner kam ihm mehr zu nahe oder wagte es, sich über ihn lustig zu machen; und doch wurde es immer dunkler in seinem Herzen.

Er war sich über seine Gefühle nicht im Klaren. Einen wirklichen Freund, mit dem er über all das hätte sprechen können, was in seinem Herzen war, hatte er nicht. Nach außen war er hart, doch innen war er immer noch dieser kleine Junge, der um Leben schrie, als er auf die Welt kam. Er hatte geschrien, um geliebt zu werden, um gehört zu werden.

Mit Gewalt hatte er sich Respekt verschafft. Nun war keiner mehr gerne mit ihm zusammen. Die Angst wurde sein ständiger Begleiter: Fast alle zitterten vor ihm, aber auch er selbst war in Wirklichkeit nie frei, lebte stets in der Furcht, erkannt und verhaftet zu werden. Genau genommen war er sowieso schon ein Gefangener. Die wahre Freiheit, wonach sein Herz sich sehnte, hatte er nie erlebt.

Es war klar gewesen, dass es irgendwann passieren würde: Er ging den Römern ins Netz. Er vermutete, dass er von seinen sogenannten „Freunden" verraten worden war.

Man verschwendete nicht viel Zeit, um das Urteil über ihn zu fällen: Tod durch Kreuzigung! Es gab zu viele Zeugen, nicht nur für den Mord. In seinem Leben kam so viel an Schuld zusammen, dass es für mehrere Todesurteile gereicht hätte. Irgendwie passte sowieso alles zusammen. In einem verlassenen Dreckloch, wo der Müll sich in den Straßen gehäuft hatte, war Dismas geboren worden, und nun sollte er auf einer Müllkippe sterben. Welch eine Ironie des Schicksals!

Mit ihm zusammen wurde ein weiterer Verbrecher verurteilt. Sein Name war Gestas. In der Szene kannte man sich, aber Dismas mochte Gestas nicht. Vielleicht, weil dieser Typ ihm irgendwie ähnlich war. Na ja, Dismas hatte nicht mal Achtung vor sich selbst; wie sollte er dann Achtung vor einem Kerl haben, der ihm glich?

Und dann war da noch ein Wanderprediger Namens Jesus, den man auch zum Tode verurteilt hatte. Dieser Jesus war in aller Munde. Angeblich behauptete er, der Sohn Gottes zu sein. Und er sollte viele Wunder getan haben, Heilungen und übernatürliche Sachen, die sonst keiner tat. Doch damit konnte Dismas nichts anfangen. Er glaubte nur an das, was er selbst sah und anfassen konnte. Er war ein Mann der Tat.

So trug Dismas nun seinen Kreuzesbalken gemeinsam mit seinen beiden Weggefährten hoch zum Hügel Golgatha. Menschenmassen säumten die Straße. Die Menge war aufgepeitscht. Hasserfüllte Gesichter, Hohn und Spott begleiteten das Trio auf seinem letzten Weg.

Oben angekommen, zog man ihnen die Kleider aus, band sie an die Balken, um mehr Stabilität zu erzeugen; und dann sah er sie, die großen römischen Nägel.

Es war ein unbeschreiblicher Schmerz, als sich die Nägel ihren Weg durch sein Fleisch und seine Knochen bohrten. Er schrie, wie damals, als er das Licht der Welt erblickt hatte. Dismas schrie seinen ganzen Schmerz heraus. Mit jedem Hammerschlag wurden seine Schreie lauter. Er vergaß alles um sich herum. Seine körperlichen Schmerzen waren unerträglich, doch seine Seele schrie noch viel lauter.

Jetzt konnte er sich nicht mehr verstecken. Hier hing er nun, nackt der Welt zur Schau gestellt. Neben ihm der angebliche Sohn Gottes und ganz außen der andere Verbrecher.

Als Dismas seinen Kopf kurz zu Jesus hindrehte, trafen sich ihre Augen. Dieser Blick ... irgendwie nicht normal-menschlich – Dismas war geschockt! Es war, als ob man in eine andere Welt sah! Er hatte schon in viele Augen geschaut. In die Augen von Frauen, die er sich genommen hatte, in die Augen von Leuten, die er überfallen hatte und auch in die Augen des Mannes, den er mit eigenen Händen getötet hatte. Doch dieser „Augenblick" war anders als alles, was er bisher erlebt hatte! Er fand darin – keinerlei Anklage, keinen Hass, keine Schuldzuweisung. Dismas war wie gefesselt von diesen Augen. Sie sprachen eine andere Sprache als die, die er von klein auf kannte.

Dann hörte er, wie Jesus vom Kreuz herab seinen Mördern und Peinigern vergab. Eine Stimme, so sanft und stark zugleich, und voller Frieden, als wäre sie vom Himmel:

„Vater vergib ihnen, denn sie wissen nicht was sie tun."

Vater?! Dismas hatte nie einen gehabt! Vergeben? Ihm hatte man auch nie vergeben! Viele seiner Opfer hatten um Gnade gewinselt, doch die gab es von Dismas nicht! Warum auch?

Was hatte man eigentlich gegen diesen Jesus vorzubringen? Er sollte doch Blinde sehend gemacht haben, Lahme gehend und sogar Tote zum Leben erweckt haben. Selbst wenn das alles Lügen waren, auch die Behauptung, der Sohn Gottes zu sein, wen interessierte es? Er hatte doch weder geplündert noch gemordet wie er oder Gestas. Jesus passte einfach nicht in dieses Trio.

Aber dieser Blick, seine Stimme und das, was er sagte – es berührte Dismas' Herz auf eine nie gekannte Weise. Es war, als hätte er durch ein Schlüsselloch ins ... ja, man musste es wohl so nennen – ins *Paradies* geschaut. Er suchte nach einem Ausdruck, um das zu beschreiben, was er in diesen Augen sah. Es war etwas, das er sein Leben lang gesucht hatte. Auf einmal wusste er es! Es war *Liebe*!

Liebe durchströmte plötzlich seinen Körper, seine Gedanken, sein Herz. Ja, nun konnte er es deutlich spüren! Kein Mensch hatte es ihm je geben können, keine Frau, keine der oberflächlichen „Freunde". Doch hier – am Kreuz sterbend – empfand er Liebe und ... *Leben*! All das, was von der Angst zerstört oder unter dem Deckel gehalten worden war, wurde jetzt im Sterben irgendwie aufgedeckt und – neu geboren!

Er hörte plötzlich, wie Gestas Jesus verhöhnte: „Wenn du der Retter bist, dann rette dich doch selbst, und uns gleich mit!" Diese kalten Worte hieben Dismas ins Herz. Und er, der Schläger, der Mörder, vor dem sich die Welt fürchtete, der Verurteilte – er wurde zum Strafverteidiger der Liebe:

„Halt die Klappe, Mann! Hast du nicht mal jetzt Respekt vor Gott? Wir beide kriegen nur, was wir verdient haben. Aber der hier hat nichts Unrechtes getan!"

Ja, er spürte es: Hier hing kein verurteilter Prediger, sondern die personifizierte Liebe am Kreuz!

Warum lernte er diesen Jesus erst jetzt kennen? Jetzt, wo es vorbei war? Oder gab es doch noch eine Hoffnung? Er wusste nicht warum, aber er spürte irgendwie, dass es noch nicht zu spät war. Eine Hoffnung aus seinem tiefsten Inneren drängte ihn dazu, Jesus direkt anzusprechen:

„Jesus, wenn du in dein Königreich kommst, dann denk an mich!", bat er mit letzter Kraft. Ja, er war sich sicher, dass man neben ihm gerade den König der Könige kreuzigte. Sein Verstand konnte es nicht begreifen, aber sein Herz wusste es!

Und dann hörte er, wonach er sich ein Leben lang gesehnt hatte: „Ich versichere dir: Noch heute wirst du mit mir im Paradies sein!"[2]

Er *wusste* einfach, dass dies die Wahrheit war. Er wusste stets, wann er angelogen wurde und wann nicht. Das hier war die Wahrheit! Heute würde er, der Verbrecher, den man nie hatte haben wollen, der kaum etwas Gutes vorweisen konnte, im Paradies sein! In diesem Satz waren Vergebung und Annahme, trotz aller seiner Schuld! In diesem Satz war Freiheit! Ja, in diesem Satz war Liebe! Diese Worte durchfluteten sein Herz.

So oft hatte er irgendwo dazugehören wollen. Doch selbst als Anführer einer Bande war sein Hunger nach Anerkennung nicht gestillt worden. Und nun sollte er im Paradies einziehen?!

Wie oft hatte er Gutes tun oder neue Wege gehen wollen und hatte es letztendlich nicht geschafft. Jedes Vorhaben scheiterte schon bei den kleinsten Hindernissen. Und nun, da seine Füße und Hände an ein römisches Holzkreuz genagelt waren, wo es ihm unmöglich war, Gutes zu tun oder gar neue Wege zu gehen,

---

[2] Luk 23,43 HFA.

wurde ihm die Eintrittskarte in das Paradies *geschenkt*. Nur weil er die Liebe in Person kennengelernt und ihr seine Schuld eingestanden hatte.

Ja, Dismas war auf vielfache Art und Weise schuldig geworden: Er hatte gehasst, wo Liebe notwendig gewesen wäre. Er hatte Wärme zurückgehalten und sich über die Kälte in seinem Leben gewundert. Er war weder Licht für andere noch für sich selbst gewesen und hatte im Dunkel der Angst gelebt. Er hatte das Leben eines anderen genommen, und nun trat der Tod selbst an ihn heran.

Nichts, wirklich gar nichts mehr konnte Dismas jetzt noch ändern; doch er spürte, dass Jesus derjenige war, nach dem er sich ein Leben lang gesehnt hatte. Er war die Wärme, die jeder Kälte ihren Schrecken nahm. Er war das Licht, vor dem jede Dunkelheit wich. Er war das Leben selbst, vor dem der Tod verblasste. Und er war die Liebe in Person, in der Hass, Neid und Ungerechtigkeiten keinen Platz mehr fanden.

Was für eine Dimension der Liebe: Der Herr aller Herren, der König der Könige, das Alpha und das Omega gibt sich seinen Geschöpfen völlig hin! Er gibt seine Würde ab, damit Dismas und alle Menschen ihre Würde finden können. Er gibt sein Leben hin, damit Dismas und die ganze Welt das Leben finden, selbst mitten im Sterben.

Nackt und elendig wurde Dismas geboren und genauso sollte er auch sterben. Aber Jesus selbst solidarisierte sich mit ihm und tat es ihm gleich, starb unter Qualen nackt und elendig an seiner Seite.

Unvorstellbar! Nie war Dismas nur annähernd solch einer Wertschätzung und Freundlichkeit begegnet. Aber das war es, wonach sein Herz sich stets gesehnt hatte: nach Liebe, die ihn einfach so annahm, wie er war. Liebe, die nicht nach seiner Herkunft fragte oder seinem Tun und Nichttun. Nie war Dimsas um seiner selbst willen geliebt worden, bis zu diesem Moment.

Durch dieses Versprechen Jesu begann jetzt, wenige Minuten vor seinem sicheren Tod, das Leben. Dieses Versprechen änderte alles. Sein bisheriges Leben zog in vielen Bildern an ihm vorüber. Er empfand Mitleid für all jene, die ihm Leid zugefügt hatten, und noch viel mehr gegenüber denen, welchen er selbst Unrecht getan hatte. Nichts davon konnte er rückgängig machen, und trotzdem wurde ihm vergeben.

Friede überstrahlte Dismas' Gesicht. Als er Jesu liebevolle Stimme vernahm, neigte er sich zur Seite und hörte von ihm: „Es ist vollbracht!"

Ja, Dismas verstand … Es ist vollbracht! Der Himmel stand nun für Dismas und alle Menschen wieder offen …

- Er, der ohne Schuld war, trug alle Schuld dieser Welt …
- Er, der voller Liebe war, nahm allen Hass dieser Welt auf sich …
- Er, der das Licht der Welt ist, vertrieb alle Dunkelheit …
- Er, dessen Licht und dessen Nähe Schutz und Geborgenheit verschenkte, gab der Kälte keinen Raum mehr …

Ja, es war vollbracht! Selbst für einen wie Dismas, der keine gute Tat mehr tun und keinen guten Weg mehr gehen konnte, stand das Paradies offen. Mitten im Sterben fand er den, der das Leben in Person war, der seinen Schrei nach Leben nicht überhört hatte und der seine wahren Sehnsüchte wohl so gut kannte, weil er sie selbst in sein Herz gelegt hatte.

So starb Jesus neben ihm, doch Dismas wusste, dass die Liebe nie stirbt, dass die Dunkelheit keine Macht über das Licht hat, weil Dunkelheit nur das Fehlen von Licht ist und der Tod nur die Abwesenheit von Leben.

In dem Moment, als Jesus den körperlichen Tod starb, kam eine Dunkelheit über das Land. Dismas wusste in seinem Herzen, warum: Die Welt hatte Gottes größtes Geschenk achtlos und lieblos auf eine Müllkippe geworfen.

Doch Dismas hatte die Liebe gefunden. Das Geschrei der Umherstehenden, all seine Schmerzen, all das, was ihm einst so schwer war und was ihn letztendlich ans Kreuz gebracht hatte, hatte keine Macht mehr über ihn. Dismas war endlich frei! Die Suche war beendet. Von Gott selbst hat er sich auf der Müllhalde mitten im Sterben finden lassen.

Als Dismas auf Erden seine Augen schloss, machte er sie im Paradies wieder auf. Jesu Versprechen hatte ihm Leben geschenkt, ewiges Leben!

*Was kein Auge jemals sah, was kein Ohr jemals hörte und was sich kein Mensch vorstellen konnte, das hält Gott für die bereit, die ihn lieben* (1 Kor 2,9 HFA).

Die Welt ist voller „Dismase"! Auch ich bin einer davon! Auch ich werde eines Tages meine Augen hier schließen und im Paradies wieder öffnen. Nicht, weil ich es verdient hätte, keineswegs, sondern, weil ich JA zu dem sage, der alle meine Schuld getragen hat. Weil ich den liebe, der nackt am Kreuz für alle meine Schamhaftigkeit gebüßt hat, wie einst für Dismas.

Dismas bekannte öffentlich seine Schuld. Jesus versprach ihm vor der ganzen Welt das Paradies. Auch dir und mir! Bis kurz vor Dismas' Tod war sein „Männerherz" wohl auch eine Geheimsache gewesen, bis zu dem Moment, als sein Herz berührt wurde und er es öffnete.

Es ist nie zu spät, einen neuen Anfang zu starten. Heute ist ein guter Tag dafür. Vielleicht sogar jetzt, in diesem Augenblick …

# KAPITEL 6

# Die Identitätsfrage

Wer bist du?

Ja, das ist wohl die allerwichtigste Frage überhaupt. Wer bist du, beziehungsweise wer bin ich? Wer oder was bestimmt unsere Identität, unser Herkunftsland, unsere Eltern? Das, was andere über mich aussprechen, oder das, was ich selbst von mir denke?

Wie oft sah ich in ratlose und leere Männeraugen, wenn sie verzweifelt nach Antworten suchten und keine fanden oder sich dabei im Kreis drehten.

Wie können wir unser Herz verschenken, wenn wir es nicht einmal selbst kennen? Was ist mit Sexualität? Ist sie nicht ein verschenken von Körper, Seele und Geist? Wenn man sich aber seiner Identität nicht bewusst ist, was wird dann dabei verschenkt? Und was ist Sexualität überhaupt? Ist es nur die Befriedigung der eigenen Bedürfnisse und Gier, oder ist es nicht mehr, *viel* mehr? Einheit, Vertrauen, Verschenken, Ehren?

Wie kann man Vertrauen schenken, wenn das Selbstvertrauen fehlt? Wie kann man ehren oder lieben, wenn man sich selbst nicht liebt?

Vor einigen Jahren hörte ich diesbezüglich einen Vortrag, der mich total fesselte Ein bekannter Redner, der inzwischen leider nicht mehr lebt, stellte einigen Leuten diese Frage: „Wer bist du?"

Da bekam er spannende Antworten zu hören:

Etliche nannten ihre Namen. Darauf konterte er, dass dies nur der Name sei, er wolle aber wissen: „Wer bist DU?"

Andere sagten: „Ich bin Deutscher." Er erwiderte: „Das ist das Land, aus dem du kommst, aber wer bist DU?"

Dann meinte einer, dass er Hotelbesitzer wäre. Der Redner war auch mit dieser Antwort nicht zufrieden und entgegnete: „Tja, und wenn du mal zwei schlechte Jahre hast, wer bist du dann? Bankrotter Hotelbesitzer?"

Daraufhin meinte einer, dass er Profisportler sei. – Aber wenn er sich beide Beine bräche oder gelähmt sein würde, wer sei er dann?

Und wer bist du? Bist du das, was die Welt über dich denkt?

Oh, da wird es immer welche geben, die dich achten und lieben, und solche, die es nicht tun, sondern dich vielleicht total ablehnen oder gar hassen. Bestimmen diese Menschen deinen Wert? Was ist, wenn sie selbst ihren Wert nicht kennen und daher deinen wohl auch nicht? Was ist, wenn man ihnen sehr wehgetan hat und sie selbst mitten im Schmerz leben? Wie wird ihr Urteil aussehen?

Bist du das, was du über dich selbst denkst? Da kann ich natürlich von mir berichten. Es gibt Tage, da geht es mir total gut, da bin ich glücklich, liebe mich, wie ich bin; aber da kommen manchmal auch sehr dunkle Tage, wo ich so vieles in Frage stelle, sogar mich selbst und natürlich auch das Geleistete oder das, was noch zu tun ist.

Und was ist, wenn meine Wahrnehmung und mein Gefühl nicht objektiv sind, wenn ich meine Meinung oder die der anderen gar nicht objektiv und gerecht bewerten kann? Diese Fragen kann nur der beantworten, der mich geschaffen hat, der Liebhaber des Lebens. Die Meinung der Welt über mich schwankt von Augenblick zu Augenblick. Sogar meine eigene Meinung über mich selbst ist nicht sonderlich zuverlässig.

Deshalb frage ich Gott:

- Was denkst du eigentlich über mich?
- Wer bin ich denn für dich?
- Wer soll und darf ich denn sein?

Und dann lese ich unvorstellbare Zeilen im ersten Kapitel des Johannesevangeliums:

> *Er (Jesus) kam in sein Eigentum, aber die Seinen nahmen ihn nicht auf. Allen aber, die ihn aufnahmen, gab er Macht, Kinder Gottes zu werden, allen, die an seinen Namen glauben ...* (Joh 1,11-12 REÜ).

Wir dürfen Kinder Gottes sein! Das ist meine Identität, sein Kind zu sein! Und als solches lebe ich, mit allen meinen Fehlern und meiner Liebe. Ich habe einen Vater, einen himmlischen Papa, der mich liebt, wie ich bin! Auch wenn ich nichts geleistet habe und wenn ich schuldig geworden bin. Ich bin geliebt!

Ein Baby, das gerade erst geboren wurde, wird doch hoffentlich geliebt. Es hat noch nichts geleistet, weder den Führerschein noch das Seepferdchen erworben. Nichts hat es sich verdient und hat doch die Eltern total berührt und deren Herz gewonnen – zumindest sollte es so sein! So sind auch du und ich geliebt!

In Jesaja 43 sagt Gott uns:

*So spricht der HERR, der dich erschaffen hat … und der dich geformt hat …*
*Fürchte dich nicht, denn ich habe dich ausgelöst, ich habe dich beim Namen gerufen, du gehörst mir!*
*Wenn du durchs Wasser schreitest, bin ich bei dir, wenn durch Ströme, dann reißen sie dich nicht fort. Wenn du durchs Feuer gehst, wirst du nicht versengt, keine Flamme wird dich verbrennen.*
*Denn ich, der HERR, bin dein Gott, ich … bin dein Retter …*
*Weil du in meinen Augen teuer und wertvoll bist und weil ich dich liebe …*
*Fürchte dich nicht, denn ich bin mit dir! …*
*Denn jeden, der nach meinem Namen benannt ist, habe ich zu meiner Ehre erschaffen, geformt und gemacht*
(Jes 43,1-7 REÜ in Auszügen).

Es ist also nicht das, was wir tun, was uns Identität und Wert gibt. Es ist die Liebe Gottes, die uns kostbar und wertvoll macht!

Wer bist du nun? Ich weiß, wer ich bin: sein Kind! Mit einer Liebe geliebt, die nicht von dieser Welt ist; die mir einen Frieden gibt, den mir diese Welt nicht geben kann. Was immer auch Menschen über mich aussprechen oder nicht, ich bleibe in dieser Liebe geborgen, ich bleibe sein Kind. Dieses Wissen, diese Sicherheit gibt meinem Männerherzen Frieden, einen Frieden, den diese Welt nicht geben kann.

Vor vielen Jahren schrieb ich dieses Gedicht dazu:

*Geh deinen Weg unbeirrt durch die Zeit,*
*voller Liebe, Mut und Tapferkeit!*
*Nimm Gott, den Herrn, als Vater an,*

*lieber sofort, als irgendwann!*
*Es geht hier um mehr, als nur um dein Leben.*
*Es geht um die Ewigkeit, die Gott dir will geben!*
*Es geht um Freiheit, Freude und Lachen,*
*denn der Herr will dein Herz glücklich machen.*
*Du bist sein Kind, das er so sehr liebt.*
*Er wünscht sich so sehr, dass dein Herz du ihm gibst!*
*Er will für dich sorgen bei Tag und bei Nacht,*
*weil ein liebendes Vaterherz das halt so macht.*
*Entscheiden musst du dich ganz allein,*
*denn Liebe kann nie Zwang oder fordernd sein.*
*Des Vaters Sehnsucht und deine zu stillen, wär an der Zeit,*
*um in seiner Liebe zu leben in Ewigkeit!*

Falls du noch nicht weißt wer DU bist, wünsche ich dir, dass du deine Herzenstür öffnest und den hereinlässt, der zu dir sagt: *„Siehe, ich stehe vor deiner Tür und klopfe an!"* (Offb 3,20).

# KAPITEL 7

# Man nannte ihn den „Größten"

Da tänzelte er vor mir. Mit leichten Schritten umkreiste er seine Gegner. Gegenüber den meisten seiner Kontrahenten war er übermächtig. So, wie der Mann, der hinter mir auf dem Sofa lag, für mich übermächtig war: Mein Vater, der mich oft mit Worten und auch mit seinen Händen verletzte. Der erste Held meines Lebens! Ja, um ehrlich zu sein, die Liebe meines Lebens, mein Papa.

Wenn Ali boxte, war mein Vater großzügig. Ich durfte die halbe Nacht aufbleiben und gemeinsam mit ihm Alis Kämpfe anschauen. Mein kleines Kinderherz pochte vor Aufregung. Lange wach bleiben und Ali beim Kämpfen zusehen – das war ein Highlight. Mein Papa lag auf der Couch, ich saß davor auf dem Boden. Beide starrten wir auf das „mittelalterliche" Schwarzweißgerät.

Ja, so wollte ich sein. Groß und stark, frech und immer kampfbereit, um mögliche Attacken aus dieser Welt gekonnt abzuwehren. Aber im Prinzip ging es mir darum, mein Herz zu schützen.

Insgeheim hatte ich den Wunsch, Ali zu begegnen, dem, der von sich behauptete, der Größte zu sein. Schon als kleiner Bub richtete ich meine Bitten an Gott. Wie viele Sehnsüchte gab ich ihm, und wie oft wurde ich wegen meiner Träumereien von der Welt belächelt.

Doch siebenundzwanzig Jahre später war es soweit. Ich bekam den Auftrag, Muhammad Ali in Deutschland zu bewachen. Es war eine unbeschreibliche Zeit. Er war ein liebenswerter Mensch, stellte sich für jedes Foto zur Verfügung und versuchte, den Kleinsten ein Lächeln ins Gesicht zu zaubern. Im wahrsten Sinne des Wortes „zaubern". Immer wieder ließ er gekonnt ein Tuch in seiner Hand verschwinden. Unzählige Male sah ich den Zaubertrick in diesen Tagen. Wo er nur all die Tücher her hatte?

Ali war an Parkinson erkrankt. Morgens war er ziemlich fit, doch je mehr die Kräfte des Tages verbraucht waren, desto schlechter schien es ihm zu gehen. Ich erzählte ihm von meiner Kindheit und meinen Gebeten. Ich legte Zeugnis über mein Leben ab und gewährte einen kleinen Einblick in mein Herz; und wir nahmen uns in den Arm. Beide hatten wir Tränen in den Augen.

Während einer Abendveranstaltung hatte er einen separaten Raum, wo er alleine zu Abend aß. Eine Reissuppe stand in einer Schale vor ihm auf dem Tisch. Durch sein Zittern hatte er große Mühe zu essen. Die Suppe schwappte auf seine Hose. Ich nahm ein Tuch, putzte seine Hose ab und fütterte ihm die Suppe. Mein Herz wurde schwer. Ich war tief bewegt und abermals hatte ich Tränen in den Augen.

Da saß er nun vor mir, der „Größte", wie er sich selbst nannte, den ich als Kind mit meinem Papa bewundert hatte. Gott brachte nicht nur meinen Vater und mich wieder zusammen, sondern er brachte auch uns beide zusammen, Ali und mich. Früher war Ali der „Größte"; und nun durfte ich, der einst Schwächste vom ganzen Ort, ihm die Reissuppe zum Mund führen. Ali und ich, wir ehrten uns gegenseitig.

War er wirklich der „Größte"? In welchem Bereich? Als Mensch? Als Boxer? Ich weiß es nicht. Auf jeden Fall steht er nun vor dem Größten.

Wer ist wohl wirklich der Größte? Sind jene, die hier als groß erscheinen, vielleicht die Kleinsten? Und die, welche klein erscheinen, vielleicht sogar die Größten? Wer entscheidet letztendlich, wer groß oder klein ist? Und schließlich: Was ist überhaupt Größe?

Als Jesus unter uns lebte, kniete er sich am Abend vor der Kreuzigung vor seine Freunde hin und wusch ihnen die Füße. Der Größte machte sich klein, um Füße zu waschen! Was für eine Größe! Was für ein wunderbares „Männerherz"!

Es war 2002, dass ich Ali traf. Ich bin Gott unendlich dankbar dafür, dass ich mit dem lachen und weinen durfte, den ich schon als Kind hatte sehen wollen. Damals war ich so ziemlich am Tiefpunkt meines Lebens gewesen. Nach außen vielleicht stark, aber innen am Ende. Doch keiner durfte merken, wie es mir wirklich ging. Ich tat oft so, als hätte ich alles unter Kontrolle, als wäre ich stark; doch so war es nicht! Ganz im Gegenteil!

Mein Herz war zu dieser Zeit eine „Geheimsache". Ali war einer der wenigen, denen ich einen kleinen Einblick in diese Geheimsache gewährte.

# KAPITEL 8

# Eigentlich seltsam

Eigentlich gibt es ja eigentlich nicht, doch eigentlich finde ich es seltsam. Von Anfang an geht es in unserem Leben um Beziehungen. Wir entstehen sogar daraus. Doch wie ist es mit den wichtigsten Fragen unseres Lebens: Woher kommen wir? Was ist der Sinn des Lebens? Wohin gehen wir? Wer bleibt, wenn alle gegangen sind? Gibt es bedingungslose Liebe? – In diesen Fragen vertraut die Welt allem Möglichen, aber eigentlich sehr, sehr selten dem, der uns aus Liebe schuf. Der alle Fragen, jegliche Neugier und alle Sehnsüchte in unser Herz legte.

Er ist der Gestalter und Liebhaber allen Lebens, ja er ist das Leben selbst.

Wir wurden aus einer Beziehung heraus gezeugt, im Idealfall aus Liebe. Zwei Menschen verschenken sich voller Vertrauen und Hingabe körperlich, geistig und seelisch aneinander, verschmelzen miteinander und werden eins – aus dieser „Einzigartigkeit" des Lebens heraus kann neues Leben entstehen. In diesem Augenblick wird mir noch bewusster, was für ein unfassbares Geschenk die Sexualität von Gott an uns ist. Das Geschenk aus diesem Geschenk ist neues Leben. Du bist ein Geschenk Gottes für diese Welt!

Liebe schafft also Leben. Im Normalfall reift das „Geschenk" 266 Tage unter dem Herzen seiner Mutter in engster Beziehung heran. Wie unfassbar das ist! Sie teilen sich alles: Nahrung, Sauerstoff, Emotionen – einfach alles. Beide sind füreinander ein Geschenk. Bereits unter dem Herzen seiner Mama wird das Herz des Kindes geformt und im Charakter geschult.

Wenn dann die „kloine Wuzele", wie wir im Schwäbischen sagen, unter großen Schmerzen in dieser Welt ankommen, herrscht große Freude. Die Liebe besiegt alle Trauer und

Schmerzen und lässt alle Tränen vergessen. Liebe ist alles. Sie ist stärker als alles. Und sie überwindet alles.

Ab dem Tag der Geburt brauchen die Kleinen die Großen. Sie brauchen Nahrung und Wärme, und alles aus der Liebe heraus. Ohne Beziehung können sie nicht leben.

Irgendwann kommen sie in den Kindergarten. So leben sie nun in Beziehung mit den anderen Kindern und Erziehern. Dann kommen sie in die Schule und leben in Beziehung mit Lehrern und Mitschülern. Später im Beruf dann mit Kollegen und Vorgesetzten.

Unser Herz schreit nach gesunden Beziehungen. Doch wir Menschen suchen oft verzweifelt an den falschen Orten. Häufig können wir Einsamkeit nicht ertragen und flüchten uns in irgendetwas oder irgendwohin. Nicht selten betäuben wir uns, wenn unsere Sehnsucht nicht gestillt wird.

Eine Million Männer gehen täglich ins Bordell – es ist eine traurige Suche nach Beziehung, nach Angekommensein, nach Nähe; ähnlich wie in den Swinger Clubs, die Hochkonjunktur haben. Auch Banden, egal welcher Art, sind im Kern nichts anderes als eine Art „Familie".

Die Menschheit hat „eigentlich" große Sehnsucht nach Nähe, nach Beziehung, und weiß nicht mehr, wo dieses Feuer gelöscht werden kann. Vielleicht gibt es auch dadurch den „Burnout".

Die Menschen haben Hunger und wissen kaum noch, wo sie satt werden können. Sie dürsten und wissen nicht, wo dieser Durst gestillt wird. Wir sehnen uns nach Menschen, die bereit sind, ihr Herz an uns zu verschenken, ohne dass wir bereit sind, unser eigenes Herz zu öffnen.

So greifen die Menschen in ihrer Verzweiflung nach den Sternen. Doch die sind weit weg und unpersönlich. Sie sind nicht das DU, das dein Gegenüber ist. Das Du, welches deinem Herzen nahekommen kann.

Sie glauben an ferne Götter. Doch wie kann einer nah sein, der in der Ferne ist? Wie können sie mich tragen, wenn ich falle – so weit weg, wie sie sind?

Manche pochen auf die Natur. Doch sie ist selbst nur Teil der Schöpfung und schon gar kein „Du", das mich an der Hand nehmen und führen kann.

Manche behaupten, es gäbe keinen Gott. Das wäre schrecklich. Welche Hoffnung hätte ich den vielen Sterbenden geben können, denen ich in den letzten Jahren begegnet bin?

Viele vertrauen auf Glücksbringer. Was aber ist Glück? Woher bringen die Glücksbringer das Glück? Nein, auch der gedrückte Daumen, das Toi-Toi-Toi, der Glückspfennig oder das Hufeisen können unsere Sehnsucht nicht stillen ...

- Mitten in unsere Dunkelheit kommt das Licht der Welt.
- Mitten in unseren Hunger kommt das Brot des Lebens.
- Mitten in unseren Durst kommt das Wasser des Lebens.
- Mitten in unsere Verzweiflung kommt die Hoffnung.
- Mitten in unsere Orientierungslosigkeit kommt der Weg.
- Mitten in all die Lügen und das Chaos kommt die Wahrheit.
- Mitten in Krieg, Terror und Tod kommt das Leben –

JESUS CHRISTUS

- In IHM kommt Gott uns ganz, ganz nahe.
- Er tauschte die Unendlichkeit des Himmels gegen den engen Leib einer Frau ein, um uns nahe zu sein.
- Er wurde im Schmutz eines Stalles geboren, in der Hoffnung, auch in dir leben zu dürfen, um dir nahe zu sein.
- Er saß stets mit Menschen an einem Tisch, und er möchte an deinem Tisch willkommen sein, um dir nahe zu sein.
- Er starb elend am Kreuz und wurde von den Untenstehenden verlacht und verhöhnt. Sie haben Jesus, die fleischgewordene Liebe, abgelehnt (so werden sie auch jene ablehnen, die ihn lieben). Doch er erwartete nichts von ihnen. Er liebte sie bedingungslos.

Dort ist sie, die Liebe, die nicht von dieser Welt ist. Die Liebe, nach der wir alle suchen, die Liebe, die bedingungslos ist, die alles erduldet, die gibt, ohne zu fordern, die sich verschenkt, um neues Leben zu schenken.

Er schenkt den Frieden, den die Welt uns nicht geben kann, den Frieden, nach dem unser Herz wirklich sucht, nach dem es sich wahrhaftig sehnt.

Kein Gott, der ferne ist, kann dies. Kein Glücksbringer kann uns dieses Glück bringen. Keine Bandenmitgliedschaft erzeugt so ein festes Band von Vertrauen und Liebe. Keine Sucht stillt diese Sehnsucht.

Damals hat man diese Liebe abgelehnt. Man hat sie ausgelacht und ans Kreuz geschlagen. Es hat sich kaum etwas geändert. Ich höre die Menschen immer noch über sie lachen, spotten und schreien. Doch die Liebe ist stärker als der Tod.

Alles wird einmal aufhören. Die Liebe bleibt.

Die Welt bietet vieles an, was angeblich unsere Sehnsüchte stillen soll; doch ehrlich gesagt finde ich, dass diese Welt nicht viel zu bieten hat. Wir werden außen nicht finden, was uns innen fehlt.

Diese Liebe wünsche ich euch allen so sehr!

- Dieses Zuhause,

- dieses Brot,

- dieses Wasser,

- diesen Freund,

- diesen Gott, der Mensch wurde,

- der alles aus Liebe ertrug,

- der dich und mich so unbeschreiblich liebt!

- Bei ihm gibt es kein „Eigentlich" mehr.

- Er ist alles: der Weg, die Wahrheit und das Leben.

- Er ist die Antwort auf alle Fragen.

- Er ist der Erlöser der Welt.

- Er ist die Stillung aller Sehnsucht.

- Seine Botschaft kommt von Herzen und ist Heilung für unsere Herzen.

- Sein Name ist JESUS.

- Seine Botschaft ist Liebe!

- Ein Hoch auf die Liebe!

Das Höchste ist die Liebe, und deshalb folgt hier das Hohelied der Liebe von Paulus — einem, der Jesus und dessen Freunde zuerst verfolgte, dessen Herz aber dann so berührt wurde, dass er sein Leben von Grund auf änderte und schließlich sein Leben für den gab, der sein Leben für ihn gegeben hatte:

*Wenn ich in den Sprachen der Menschen und Engel redete,*
*hätte aber die Liebe nicht,*
*wäre ich dröhnendes Erz oder eine lärmende Pauke.*
*Und wenn ich prophetisch reden könnte*
*und alle Geheimnisse wüsste und alle Erkenntnis hätte;*
*wenn ich alle Glaubenskraft besäße*
*und Berge damit versetzen könnte,*
*hätte aber die Liebe nicht,*
*wäre ich nichts.*
*Und wenn ich meine ganze Habe verschenkte*
*und wenn ich meinen Leib opferte, um mich zu rühmen,*
*hätte aber die Liebe nicht,*
*nützte es mir nichts.*

*Die Liebe ist langmütig,*
*die Liebe ist gütig.*
*Sie ereifert sich nicht,*
*sie prahlt nicht,*
*sie bläht sich nicht auf.*
*Sie handelt nicht ungehörig,*
*sucht nicht ihren Vorteil,*
*lässt sich nicht zum Zorn reizen,*
*trägt das Böse nicht nach.*
*Sie freut sich nicht über das Unrecht,*
*sondern freut sich an der Wahrheit.*
*Sie erträgt alles,*
*glaubt alles,*
*hofft alles,*
*hält allem stand.*
*Die Liebe hört niemals auf.*

*Prophetisches Reden hat ein Ende,*
*Zungenrede verstummt, Erkenntnis vergeht.*
*Denn Stückwerk ist unser Erkennen,*

*Stückwerk unser prophetisches Reden;*
*wenn aber das Vollendete kommt, vergeht alles Stückwerk.*

*Als ich ein Kind war, redete ich wie ein Kind,*
*dachte wie ein Kind und urteilte wie ein Kind.*
*Als ich ein Mann wurde, legte ich ab, was Kind an mir war.*
*Jetzt schauen wir in einen Spiegel*
*und sehen nur rätselhafte Umrisse,*
*dann aber schauen wir von Angesicht zu Angesicht.*
*Jetzt ist mein Erkennen Stückwerk,*
*dann aber werde ich durch und durch erkennen,*
*so wie ich auch durch und durch erkannt worden bin.*

*Für jetzt bleiben Glaube, Hoffnung, Liebe, diese drei;*
*doch am größten unter ihnen ist die Liebe.*[1]

---

[1] 1 Kor 13 (REÜ); eig. Einfüg. v. Abs. und Stropheneinteilung.

# KAPITEL 9

# Der Winnetou-Effekt

Vor vielen Jahren rief mich eine verzweifelte Ehefrau an. Ihr Mann, Mitte vierzig, verstummte immer mehr und versank in Selbstmitleid. Sie meinte, das Herz ihres Mannes sei schwer verletzt und sie könne nicht mehr an es herankommen. So lud sie mich eines Tages, mit dem Einverständnis ihres Mannes, zum Frühstück ein.

Ich sehe ihn noch vor mir sitzen, freundlich, aber mit einem gequälten Lächeln. Nach dem ersten Abtasten hatte ich den Impuls, ihn nach seinen Lieblingsfilmen zu fragen (denn ich denke, unser Konsum hat sehr viel mit unserer Sehnsucht zu tun). Er sah mich verständnislos an und meinte, dass er seit Jahren an Burnout leide, und was das mit seinen Lieblingsfilmen zu tun habe? Auf meinen Kommentar hin, dass diese Frage wahrscheinlich sein Leiden nicht verschlimmern würde, willigte er ein und fing an zu grübeln.

Zuerst nannte er Robin Hood und Winnetou, gefolgt von Dick und Doof, und zu guter Letzt fiel ihm noch ein, dass er sich ab und zu auch Filme von „Rosamunde Pilcher" anschaue.

Dann fragte ich ihn, was diese Filme seiner Meinung nach präge. Bei Robin Hood und Winnetou, meinte er, ginge es stets um Natur, Helden und Abenteuer. Ich wollte daraufhin wissen, wie oft er denn noch raus in die Natur käme. Er musste mir mitteilen, dass er eigentlich zu nichts mehr käme, da er nur noch getrieben sei.

„Wann warst du zum letzten Mal ein Held und erlebtest Abenteuer?", fragte ich ihn. Mit Tränen in den Augen meinte er, dass er da wohl 18 gewesen sei.

Bei Dick und Doof stellte er fest, dass es hier nur um das Lachen ginge, er selbst aber nichts mehr zu lachen habe. [1]

Machen wir mit „Rosamunde Pilcher" weiter. Was ist das Herz
dieser Serie? Liebe! Liebe, die er selbst weder von seinen Eltern
noch von den Geschwistern gehört hatte und die er selbst nicht
hatte aussprechen können – in den letzten Jahren nicht einmal
mehr seiner Frau und seinen Kindern.

Die Filme hatten also etwas mit seinem Herzen zu tun. So viel
unerfüllte Sehnsucht! Wissenschaftler sind sich seit Jahrzehnten
einig: Unerfüllte Sehnsucht macht die Menschen krank (vgl. auch
Spr 13,12).

Manchmal, wenn ich bei Männertagen oder großen Konfe-
renzen sprechen darf, kündige ich den Männern an, dass ich
gleich eine Melodie laufen lassen werde. Ich bitte sie dann, ihre
Augen zu schließen und sich bewusst zu machen, wer sie tief in
ihrem Herzen sind und sein wollen. Sie sollen sich daran erinnern, welche Sehnsüchte sie als Kinder, Jugendliche oder junge
Männer im Herzen getragen haben, und sich in die Zeit zurück-
versetzen, als sie Abenteurer, Helden und Beschützer sein wollten. Was wurde aus all diesen Träumen und Sehnsüchten? Was
ist aus ihren Herzen geworden?

Dann erfüllt die Winnetou–Melodie den Saal. Es herrscht eine
heilige Atmosphäre. Einige Männer weinen. Manche verschließen ihre Augen nicht, aber ihr Blick ist voller Sehnsucht.

Ich glaube, dass bei vielen Männern in diesen Momenten das
Herz berührt wird. Manchmal ist uns unser eigenes Herz zur Ge-
heimsache geworden. Bei diesen Klängen taucht ein Teil unserer
Sehnsucht wieder auf.

Burnout bedeutet, ausgebrannt zu sein! Also brannte einst ein
Feuer! Wer war der Brandstifter, und was können wir tun, damit
das Feuer wieder entfacht wird und am Leben bleibt? Mein Rat,
mein Wunsch für dich ist, den Brandstifter selbst in dein Herz einzuladen. All die Dinge zu tun, wonach dein Herz aus Liebe schreit.

---

[1] An dieser Stelle möchte ich kurz Folgendes erwähnen: Als es mir nach meinem Herzinfarkt
seelisch nicht gut ging, schaute ich mir viele Folgen von „Dick und Doof" an. Ja, Stan Laurel
und Oliver Hardy wurden in dieser schweren Zeit zu meinen Herzspezialisten. Oh Mann, die
beiden und das Lachen taten mir so gut! Okay, das aber nur am Rande.

Im Neuen Testament lesen wir die Geschichte der „Emmaus-Jünger". Im Nachhinein stellten sie fest, dass ihre Herzen gebrannt hatten, während sie an Jesu Seite unterwegs waren, ihren Weg mit ihm gingen, ihm zuhörten und mit ihm sprachen:

*Brannte nicht unser Herz in uns, als er unterwegs mit uns redete und uns den Sinn der Schriften eröffnete? (Lk 24,32 REÜ).*

Ich erwähnte es bereits: So mancher Sterbende bereut die Dinge, die er nie getan hat, wie zum Beispiel:

- Die Liebe auszusprechen!
- Vergebung zu gewähren und darum zu bitten.
- Einen lange aufgeschobenen Urlaub anzugehen.
- Leben im Heute, im Hier und Jetzt. (Warte nicht auf morgen, denn heute ist das Morgen, um das du dich gestern noch gesorgt hast.)

Viele Menschen, deren Lebensende naht, erarbeiten sich noch eine „Wunschliste", was sie noch gerne vorher tun würden. Ein Pfarrer meinte einmal auf einer Beerdigung, dass wir noch heute die Liste schreiben und sie Stück für Stück erledigen sollten. Unserem Herzen würde es guttun, sehr gut sogar, dessen bin ich mir sicher. Und wer weiß, vielleicht verschiebt sich dadurch mein Lebensende ein Stück nach hinten, da ich glaube, dass Herzensfreude das Leben verlängert.

Was kann schon falsch daran sein, wenn wir die Dinge, wonach unser Herz sich sehnt, schon heute aus Liebe tun?

- Und was sind nun deine Lieblingsfilme?
- Was würde auf deiner Wunschliste stehen?
- Frage doch einmal DEIN Herz!

# KAPITEL 10

# Hoffnung und Glaube

Als vor einiger Zeit viele berühmte Menschen innerhalb weniger Tage starben und es viele Trauerbekundungen in den Medien gab, hörte man aus den meisten Kommentaren immer und immer wieder „Hoffnung" heraus. Dieser Wunsch nach Hoffnung berührte mein Herz. Doch zuerst fiel mir auf, besonders als einige Politiker starben, wie viele Lobeshymnen über sie gesprochen wurden. Da fielen Worte wie: „Besondere Menschen, tolle Politiker, gute Freunde" und vieles in der Art.

Ich hoffe, die Verstorbenen haben das auch zu Lebzeiten von all diesen Menschen gehört. Denn was nützen solche Nachrufe oder die netten Worte des Pastors oder sonstige wertschätzende Äußerungen auf Kränzen? Oft steht auf den „Schleifen" am Schluss „In Liebe" oder „In Dankbarkeit". Dankbarkeit und Liebe, vielleicht sollten wir genau diese viel öfter zeigen und aussprechen, wie zum Beispiel: „Ich hab Dich lieb" oder (wer mutig ist): „Ich liebe Dich", oder hier ein „Danke" oder da eine kleine Aufmerksamkeit der Wertschätzung und der Dankbarkeit.

Beim Durchblättern der Tageszeitung fällt mein Blick immer wieder einmal auf die Todesanzeigen. Trotz all der Schwere, der Trauer und Betroffenheit erkennt man in ihnen doch ein Stück Hoffnung. Da wird von der ewigen Ruhe, dem ewigen Frieden, vom Himmel, vom Wiedersehen, von Engeln und von Gott geschrieben.

Vor Kurzem kam ich mit einem tollen Menschen ins Gespräch, der von Gott aber nichts wissen mochte. Ich fragte ihn, ob er schon einmal einen lieben Menschen verloren habe. Er bejahte. Ich fragte ihn danach, wo dieser denn jetzt am besten sein solle.

Dann meinte er: „Im Himmel." Ich bohrte nach: „Bei wem?" Er flüsterte: „Bei Gott, weil es da bestimmt gut ist."

So ist das also: Tief, sehr tief in unserem Herzen ist diese Sehnsucht nach Hoffnung, nach der ewigen Heimat, nach dem Frieden, den diese Welt uns nicht zu geben vermag, nach Liebe, nach Gott. Niemals hörte ich in einer Trauerrede von der Hoffnungslosigkeit, dass das dunkle Grab die Endstation ist oder dass nun alles, aber auch wirklich alles, aus sei.

Kein Wiedersehen. Keine Hoffnung. Wie würde unser Leben ohne diese Hoffnung aussehen? Wie wäre Trost ohne diese Hoffnung möglich? Was würde mir bleiben?

Wenn sie also wirklich die letzte Hoffnung ist, wenn sie tröstet, dann sollten wir sie der Welt reichlich schenken, die Frohe Botschaft!

Wir sind geliebt, Vergebung ist ein Geschenk des Himmels. Wir sind geliebt, nicht um unserer Werke willen, sondern um unserer selbst willen.

Ich glaube nicht an ein höheres Wesen, sondern an den Einen, der uns schon so nah kam und der uns eines Tages in seine Armen schließen möchte. Ich glaube nicht an ein „Es" sondern an ein „Du"!

Ich glaube nicht daran, dass ich als ein anderes Lebewesen wieder zurückkomme. Das wäre keine Hoffnung für mich und auch kein Trost für all die Todkranken, denen ich begegnete und vielleicht noch begegnen werde.

Ich glaube nicht, dass danach alles in einem Nichts endet.

Ich glaube nicht, dass meine Fingernägel und meine Haare (wenn es auch nicht viele sind) umsonst gewachsen sind, für nichts; dass mein Herz millionenfach schlug und am Ende doch alles umsonst war. Nein, das glaube ich nicht!

Ich glaube, dass Jesu Grab leer war und ist und der Tod nicht das letzte Wort hat.

Ich glaube, dass ich eines Tages nach Hause gehen werde. Ich glaube, dass der himmlische Papa mich eines Tages mit ausgebreiteten Armen erwartet.

Ich glaube an den Ort, an dem es kein Leid und keine Tränen mehr gibt. Die Texte der Todesanzeigen haben recht mit ihrer Hoffnung. Es gibt die ewige Ruhe und einen Frieden, den diese Welt nicht geben kann.

So werde ich den Trauerenden, den Todkranken und den Sehnsüchtigen weiter über diese „Gute Nachricht", das Evangelium Jesu Christi, berichten. Im Leben regen sich ein paar Menschen darüber auf, im Sterben nicht mehr, zumindest mir persönlich gegenüber nicht.

Ich begleitete einmal einen Atheisten auf den letzten Metern seines Lebens, der große, sehr große Schuld auf sich geladen hatte. Im Sterben ging er im Gebet, im Geiste an das Kreuz Jesu und lud dort seine Schuld ab. Er starb wirklich im Frieden und mit einem Lächeln, denn nun hatte er Glaube, Hoffnung und Liebe erfahren und sein Herz die Vergebung, die Freude, wonach es sich ein Leben lang gesehnt hatte.

Gib deinem Glauben Nahrung, damit dein Zweifel verhungert.

Kapitel 11

# Das kranke Bein

Pastor Wilhelm Busch[1], den ich sehr mag, erzählte einmal eine fast schon lustige Geschichte, die jedoch sehr tief geht. Ich erzähle sie hier aus dem Gedächtnis nach:

Da war ein Mann, der hatte ein krankes Bein. Die Krankheit war äußerlich nicht sichtbar, aber die kleinste Berührung verursachte ihm große Schmerzen. Am liebsten hätte er den Schmerz einfach die ganze Zeit betäubt.

Doch der behandelnde Arzt im Krankenhaus verordnete ihm Massagen. Schreckliche Angst kam in dem Patienten auf. Allein der Gedanke, dass jemand dieses Bein anfassen würde, verursachte ihm schon Schmerzen. Deshalb überlegte der Patient, wie er den Schmerz umgehen könne. Da kam ihm die abstruse Idee, dem Masseur jeden Tag das gesunde Bein hinzustrecken.

Wie die Geschichte des Mannes mit seinem Bein ausging, ist mir leider nicht bekannt. Aber irgendwie erinnert sie mich an diese Welt – an unsere „Männerherzen":

- Wie oft geben wir etwas vor, was in Wirklichkeit nicht so ist?

- Wie oft täuschen wir andere und uns selbst aus Angst vor Schmerzen?

- Wie oft betäuben wir den Schmerz mit Arbeit, Drogen, Sex usw.?

- Wie oft geben wir den Schmerz durch Gewalt, Bitterkeit und durch all unsere Streitigkeiten weiter?

[1] Wilhelm Busch (* 27. März 1897 in Elberfeld, heute Wuppertal; † 20. Juni 1966 in Lübeck) war deutscher evangelischer Pfarrer, Prediger und Schriftsteller – Wikipedia, Zugriff am 01.09.2018.

Wie gut täte es uns, „das richtige Bein" behandeln zu lassen! Drogen, Gewalt, Bitterkeit, all das würde abnehmen, und irgendwann wären wir völlig frei davon.

Doch wem können wir „das kranke Bein" unseres Lebens wirklich geben? Braucht es nicht auch Vertrauen, um Nähe zuzulassen? Wem also können wir unser krankes Bein hinstrecken? Wem können wir wirklich vertrauen? Wem können wir das Hässliche, all das, was nicht so toll ist, unsere Schuld, unser Versagen, all unsere Schamhaftigkeit, all unsere Fehler geben?

Da vertraue ich auf den Gott, der mir nahe sein möchte, der sagt: „Ich bin nicht fern von einem jeden von euch!"[2]

Da vertraue ich dem, der alle Krankheit, allen Schmerz und alle Schuld der Welt auf seine Schultern nahm!

Jesus Christus spricht: „Ich bin dein Arzt!"[3]

Ein kleines Gebet kommt mir eben in den Sinn, vielleicht hilft es dir:

*Lieber Jesus, ich komme nun zu dir*
*mit allem, was mir schwer ist,*
*was weh tut und wo ich schuldig geworden bin,*
*wo Menschen mich verletzten und wo ich andere verletzte.*
*Ich möchte nicht weiterhin weglaufen oder mich betäuben*
*oder mir und der Welt eine Komödie vorspielen.*
*Du kennst mich, du erforscht den Grund meiner Seele, du*
*kennst mein Herz.*
*Bitte mach mich frei von allem, was mir schwer ist.*
*Komm in mein Herz und heile, was krank ist.*
*Ich will nicht länger verheimlichen, was mich plagt,*
*denn nichts bleibt dir verborgen.*
*Deine Liebe macht mich gesund.*
*Danke, dass du nicht nur mein Arzt sein möchtest,*
*sondern auch mein Freund.*
*Danke für deine Liebe!*
*Deine Liebe ist alles, was ich brauche!*
*Deine Liebe macht mich gesund – Amen.*

---

[2] Siehe Apg 17,27
[3] Siehe 2 Mo 15,26; Luk 5,31 u.a.

So viele, und da schließe ich mich nicht aus, strecken ihr gesundes Bein hin, aus Angst vor Schmerz und Scham über das, was nicht in Ordnung ist. Bei Gott dürfen wir sein wie wir sind. Wir dürfen mit allem kommen, egal was wir im Gepäck haben:

- Keine Last ist ihm zu viel.

- Keine Schamhaftigkeit zu schamhaft.

- Keine Schuld ist ihm zu groß, als dass er sie nicht vergeben könnte.

- Komm, und lass dein verwundetes Herz von ihm gesund lieben!

# KAPITEL 12

# Männer dürfen weinen

Diese Geschichte ereignete sich während einer dieser 2-Tages-Projekte, die mit einem Gottesdienst verbunden sind. Ein schlecht riechender, armselig gekleideter Mann, so um die 50, zog meine Aufmerksamkeit auf sich, als er lallend und rauchend hereinkam.

Ich durfte in einer evangelischen Kirche sprechen. „Thomas" saß in der ersten Bank, die günstig an einem Seiteneingang lag, den er immer wieder benutzte, um zwischendurch schnell eine rauchen zu gehen. Das war ungewöhnlich, aber irgendwie auch lustig. Immer und immer wieder ging er kurz nach draußen und qualmte, kam anschließend wieder herein, hörte sich die Musik und die Gebete an und folgte dann wieder seiner Sucht. Die Kirche war bis auf den letzten Platz gefüllt.

Während ich dran war, blieb er sitzen. Und als ich die Geschichte von meinem Papa und mir erzählte, bemerkte ich, dass es auch ein Stück seiner Geschichte war.

Er blieb da, was mir die größte Ehre war, denn ich wusste, dass sein Herz angesprochen wurde – eines dieser „Männerherzen", welches von seiner ungestillten Sehnsucht in diverse Süchte getrieben worden war.

Als der Klingelbeutel herumging, kramte er mühsam in seinen Taschen und warf wohl mehr rein, als alle anderen, ohne über diese zu urteilen.

Im Anschluss an den Gottesdienst wich er nicht mehr von meiner Seite oder ich nicht mehr von seiner. Ich war gerade im Gespräch mit einigen Besuchern des Gottesdienstes, als er mich fragte, ob er mir einen Kaffee bringen dürfe. Ich war gerührt und freute mich sehr darüber. Im Laufe der nächsten Stunde brachte er mir mehrere Tassen Kaffee. Ja, er war so begeistert davon, mir ein Stück dienen zu dürfen. Mir war es fast schon peinlich, denn ich wusste, dass er nur sehr wenig oder gar kein Geld mehr hatte. Aber stets bestand er darauf, mir noch eine Tasse bringen zu dürfen. An diesem Vormittag hatte ich wohl eine Überdosis Coffein. (Später erfuhr ich, dass der Kaffee kostenlos war, ich muss heute noch darüber schmunzeln.)

Dann lud der Veranstalter uns zum Essen in ein vornehmes Lokal ein. Ich bestand darauf, dass mein Freund mit uns Tischgemeinschaft haben solle. Der Veranstalter hatte es ebenso auf dem Herzen wie ich, und so nahmen wir Thomas, unseren Bruder und Freund, mit.

Wir fielen im Restaurant sofort auf, aber die Besitzer des Lokals sahen, dass Thomas bei uns gut aufgehoben war und keine Gefahr für sie bestand. Also hatten sie ihren Frieden darüber. Wir lachten viel in dieser Runde, nicht *über* ihn, sondern *mit* ihm. Seine Sprache von der Straße war eine ganz andere, als die, welche der „Durchschnittsmensch" gewohnt ist.

Eine Dame bot Thomas gegrillte Peperonis an, und nun war ich gespannt, ob er sie auch essen würde. Nachdem er einmal hineingebissen hatte, warf er den Rest mit Stiel über seinen Kopf nach hinten. Selbst der Wurf hatte „Stil". Ich schickte ein Stoßgebet zum Himmel, dass die Peperoni nicht auf dem gedeckten Tisch der Familie hinter ihm landen würde – Gott hat mich erhört! Puh, das war knapp! Unbemerkt fiel der „Flugkörper" unter den Stuhl einer Dame und ich konnte nur noch schmunzeln.

Dann kam das Essen und wir waren uns nicht ganz einig, wer ein Dankgebet für das wunderbare Geschenk, dass wir so gut versorgt waren, sprechen sollte. Da streckte Thomas seinen Finger hoch und meinte: „Ich will beten!"

In dem Bewusstsein seiner eigenen Zerrissenheit, seiner Wunden und seiner Traurigkeit betete er das Vaterunser. Er war sichtlich gerührt, dass er in dieser Gruppe von zwölf Menschen willkommen war und mit ihnen am Tisch sitzen durfte. Unsere Absicht war es gewesen, ihn zu ehren. In Wahrheit ehrte er uns.

Mir ist das Vaterunser sehr wichtig und ich bete es sehr gerne; aber an diesem Tag konnte ich mir das Weinen nicht verkneifen. Ich wollte und werde es mir auch nicht mehr verkneifen.

Die Art, der Ton, diese Demut, wie er betete, berührten mein Herz und die Herzen aller, die am Tisch saßen. Ich glaube, wir alle weinten. Tränen für Thomas, über sein Leben, aber auch Tränen über die Liebe, die Gott für ihn empfindet, egal wie schmutzig, stinkend und nicht gesellschaftsfähig er für so manchen war. Ihm selbst tröpfelten die Tränen von der Nase und liefen über die Wangen. Und am Ende seines Gebetes sagte er: „Ich schäme mich meiner Tränen nicht, denn ein Mann, der nicht weinen kann, ist kein Mann!"

Ich war so gerührt, dass ich das Essen, welches die Bedienung vor mich hingestellt hatte, erst gar nicht essen wollte. Ich hatte in diesem Augenblick so viel Nahrung für meinen Geist und meine Seele bekommen, dass ich für meinen Körper nicht unbedingt auch noch etwas gebraucht hätte. Ich glaube, das ist mit dem Satz gemeint: „Der Mensch lebt nicht nur von Brot allein!"[1]

Thomas wusste vieles nicht mehr, der Alkohol hatte großen Schaden angerichtet. Aber das Wichtigste wusste er, dass sein Leben in Gottes Händen lag. Und wenn es zu Ende ginge, würde er in seine Herrlichkeit kommen, denn die beiden, Gott und Thomas, hatten sich gegenseitig sehr lieb.

Als wir uns verabschiedeten, hielten wir uns noch lange in den Armen. Ich schenkte ihm mein Armbändchen. Es bedeutete ihm so viel, und mir erst recht.

Thomas hat uns an diesem Tag sein Herz gezeigt und die Herzen der wunderbaren Tischgemeinschaft mit Liebe berührt. Gott hat uns versprochen, dass er alle unsere Tränen sammelt.

Ich glaube, dass Thomas mittlerweile bei ihm ist, dass sein Herz schon lange nicht mehr hier auf dieser Erde schlägt, denn diese Geschichte ist schon viele Jahre her, und Thomas war am Ende seiner irdischen Kräfte. Ich glaube, er darf heute schon schauen, woran er im Leben geglaubt hat. Er ist wohl zu Hause bei dem Einen, der seinem Männerherzen nun den Frieden gegeben hat, den er zu Lebzeiten hier nicht fand.

Sein verletztes Männerherz ist heil und schlägt im Himmel ewig, dessen bin ich mir sicher! Nun sitzt er am Tisch Gottes!

Himmlischer Papa, Jesus, Heiliger Geist, Papa, Oma, Opa usw., haltet mir bitte einen Stuhl dort oben am Tisch frei, meine Geliebten …

---

[1] Siehe z. B. Luk 4,4.

# KAPITEL 13

# Die Suchaktion

Vor einigen Jahren gab es in Deutschland eine große Suchaktion. Ein fünfjähriger Junge wurde vermisst. In einem kleinen Moment der Unaufmerksamkeit der Eltern war er ihnen entwischt. Es muss schlimm für sie gewesen sein. Kein Mensch kann das nachempfinden, wenn er es selbst nicht erlebt hat.

Ich vermisste einmal bei einem Spaziergang meine kleine Tochter! Es war schrecklich! Obwohl es „nur" ein paar Minuten waren. Diese werde ich allerdings nie vergessen. Ein unbeschreiblicher Schmerz und eine kaum zu erklärende Sehnsucht herrschte in mir.

Die Eltern des kleinen Jungen riefen sofort die Polizei. Diese leitete umgehend eine riesige Suchaktion ein. Hundertschaften, ein Hubschrauber, Hunde; alles, was man sich denken kann, wurde eingesetzt, um den Jungen zu finden. Nach einem Tag wurde er im Wald entdeckt. Er war unterkühlt, hatte Angst, Hunger und Durst, aber er lebte, und das war das Wichtigste.

Ich glaube, uns Menschen in der Welt geht es so wie dem Jungen. Wir sind von zu Hause weggelaufen. Irgendwo haben wir uns in der Dunkelheit verirrt. Wir verspüren Hunger und Durst, fühlen uns oft einsam, und es ist sehr kühl geworden in dieser Welt.

Oh ja, es herrscht ein großer Hunger und Durst nach Liebe und Anerkennung; nach Ohren, die zuhören, nach Augen, die das Kostbare und Gute erkennen und nicht nur unsere Fehler und Versäumnisse; nach Armen, die uns Geborgenheit geben; nach Händen, die uns halten und mit uns teilen. Wir suchen nach Wärme und werden dabei nicht selten enttäuscht.

Angst beherrscht mehr und mehr unseren Alltag. Kriege, Katastrophen, Hunger, Streit, Lieblosigkeit, Enttäuschungen,

Verletzungen und jede Menge Misstrauen. Wir haben uns in der Dunkelheit und Einsamkeit verirrt, finden keinen Ausweg. Diese Themen beherrschen tagtäglich die Nachrichten, beschäftigen Seelsorger, Therapeuten, Versicherungen, Polizei und andere.

Ich glaube von ganzem Herzen, dass Gott vor 2000 Jahren die größte Suchaktion gestartet hat, die es je auf dieser Welt gab. Papa machte sich auf, seine verlorenen Kinder zu suchen! In Jesus kam Gott zu uns! Gott wurde Mensch! Doch sie wollten ihn nicht haben! Damals klagten sie ihn an; sie lachten ihn aus; manchen war er gleichgültig. Viel hat sich nicht geändert. Übrigens: Der Name „Jesus" bedeutet „Rettung"!

Als der kleine Junge gefunden wurde, wurde auch seine Sehnsucht gestillt. Er war wieder zu Hause! Dort war er sicher, dort wurden Hunger und Durst gestillt.

Ich habe schon viele liebe Menschen in meinem Leben verloren. Viele sagten mir am Ende: „Ich gehe jetzt nach Hause." Das ist unser aller Sehnsucht!

Wie froh bin ich, dass Gott mich gefunden hat! Oft merke ich, dass ich in manchen Dingen noch weglaufen möchte, doch seine Liebe hält mich. Häufig möchte ich etwas alleine versuchen und merke, es geht in die Hosen. Wenn ich aber IHM vertraue, wird alles gut. In puncto Vertrauen muss ich noch eine Menge lernen.

Gott sucht nach dir. Er ruft immer und immer wieder deinen Namen. So wie ich damals meine Tochter suchte. Ich werde nie den Moment vergessen, als wir sie fanden. Sie selbst wusste damals nicht, dass sie „verloren" war und wir nach ihr suchten. Sie war so im Spiel vertieft, dass sie die Gefahren, die sie umgaben, gar nicht wahrnahm. Als ich sie dann in meinen Armen hielt, musste ich lachen und weinen zugleich.

So sehnt sich Gott nach dir und mir. Viele sind noch im Wald. Der Hunger und der Durst sind groß. Es herrscht eine große Angst dort draußen, und Dunkelheit. Kalt ist es geworden, ja sehr kalt! Es ist Zeit, Gott zu vertrauen, dem besten Papa aller Papas; Zeit, ihn in unser Herz einzuladen; Zeit, alle Sehnsüchte dem zu geben, der sie in unser Herz gelegt hat.

Es ist Zeit innezuhalten und sich von Gott gehalten zu wissen.

*Denn der Sohn des Menschen ist gekommen, zu suchen und zu retten, was verloren ist* (Lk 19,10).

Die größte Suchaktion aller Zeiten, sie galt unseren Herzen, sie galt DIR und mir. Es ist Zeit, sich finden zu lassen.

# KAPITEL 14

# Die Hand am Stiefel

Sich klein zu machen, sich in höchste Gefahr zu begeben und dabei bereit zu sein, sein Leben zu opfern. Aus welchem Holz sind solche Herzen geschnitzt?

Ein Feuerwehrmann aus New York, der am 11. September 2001 in dem Inferno des *World Trade Centers* seinen Dienst tat, berichtete damals ungefähr Folgendes:

Um Menschenleben zu retten und um das eigene nicht unnötig in Gefahr zu bringen, geht ein Feuerwehrmann nie allein in ein Gebäude oder in einzelne Räume.

Im World Trade Center kamen uns eine unvorstellbare Hitze und Rauch entgegen. Trotz Taschenlampen, trotz Helmleuchten, es war einfach dunkel. Wir konnten uns aus Sicherheits gründen nicht aufrecht fortbewegen; deshalb machten wir uns klein und wir gingen auf allen Vieren. Unsere Taktik war folgende:

Der Erste krabbelte hinein und hielt sich mit der linken Hand an der Wand fest; so konnte er mit der rechten Hand den Raum abtasten, um nach möglichen Überlebenden zu suchen. Der zweite Mann krabbelte ebenfalls und hielt sich mit seiner linken Hand am Stiefel des Vordermanns fest. Alle anderen Kameraden taten dasselbe.

Mitten in der Hitze des Todes und der Dunkelheit wussten wir, wir sind nicht allein. Da ist einer, der geht voran, an dem ich mich festhalten kann, einer, der sich klein machte. Mitten in diesen alles vernichtenden Umständen spürten wir auch eine Hand an unserem rechten Stiefel, welche uns Leben und Halt signalisierte und uns die Gewissheit gab, dass wir trotz aller katastrophalen Umstände nicht allein waren."[1]

Was für ein bewegender Bericht!

Wie sieht es in unserer Welt aus, um uns herum und global? Wo ist einer, der sich klein machte, an dem du dich halten kannst? Der trotz aller Schwierigkeiten vorneweggeht, der sucht, was verloren ist?

Wo ist die Hand an deinem Stiefel, die dir Leben signalisiert und dich hält? Die Hand an deinem Stiefel, die dir die Gewissheit gibt, dass du nicht allein bist?

Zu diesem herzergreifenden Bericht des Feuerwehrmannes fand ich folgende Bibelverse über den Einen, der sich aufgemacht hat, uns zu suchen und zu retten:

*Denn der Sohn des Menschen ist gekommen, zu suchen und zu retten, was verloren ist* (Lk 19,10).

Er ist nicht nur der Eine, der vorangeht und den Weg kennt, sondern er ist der Weg selbst:

*Ich bin der Weg und die Wahrheit und das Leben* (Joh 14, 6).

Er ist der Eine, der uns festhält und Stärke gibt, Hoffnung und somit Leben:

*Fürchte dich nicht, denn ich bin mit dir; habe keine Angst, denn ich bin dein Gott.*
*Ich stärke dich, ja, ich helfe dir, ja, ich halte dich mit der Rechten meiner Gerechtigkeit* (Jes 41, 10).

Was ist nun mit der Welt dort draußen? Mit denen, die sich selbst Gott sind? Mit denen, die an „höhere Wesen" glauben? Wer weit weg ist, kann nicht da sein!

Was ist mit Vorstellungen von Energie, jedoch ohne Person, ohne Würde und persönliche Liebe?

Wo ist das Du gegenüber? Wo ist der Eine, der sich klein macht, um mir nahe zu sein?

---

[1] Vom Autor auf Grundlage eines Berichts des Feuerwehrmanns in einem Fernseh-Gottesdienst (Hour of Power) nacherzählt.

JESUS CHRISTUS ist die Antwort auf unsere persönliche Katastrophe. Er hat sich kleingemacht, erniedrigt.

Jesus ist mein persönlicher Held. Er geht voran und ich kann mich an ihn halten. Er ist der, dessen Hand ich spüre, selbst wenn ich von Dunkelheit, Chaos und Tod umringt bin.

*Und ob ich schon wanderte im finstern Tal, fürchte ich kein Unglück; denn du bist bei mir ...* (Ps 23,4 LUT).

Und du?

Wer ist der Held in deinem Leben, wenn alles einstürzt? Wenn Dunkelheit dich umgibt? Wenn du kaum noch einen Weg siehst? Wenn alles verloren erscheint?

Ich wünsche dir, dass du stets die „Hand an deinem Stiefel" spürst. Sie sagt dir: „Du bist nie allein, ich halte dich!"

Es ist dunkel geworden in unserer Welt, oft auch in unserer kleinen Welt um uns herum. Der Qualm brennt in unseren Lungen, wir haben Sehnsucht, wieder durchzuatmen – Leben einzuatmen. Wir wollen raus, ans Licht, in Sicherheit. All das finden wir NUR bei JESUS! Er sagt:

*Ich bin das Licht für die Welt. Wer mir folgt, tappt nicht mehr im Dunkeln, sondern hat das Licht und mit ihm das Leben* (Joh 8,12).

An jenem 11. September 2001 starben 343 Feuerwehrmänner.

Mut ist nicht, keine Angst zu haben, sondern weiterzugehen trotz der Angst.

Was trieb sie an? Ihr Verstand? Ich denke, es war ihr Herz! Sie gaben alles. Sie gaben ihr Leben! Weil Liebe nichts erwartet, aber bereit ist, alles zu geben.

Danke für solche Menschen! Selbstlos, hilfsbereit und mutig! Danke für solche Herzen!

# KAPITEL 15

# Über den Wolken

Es war auf einem meiner Rückflüge aus dem „Heiligen Land", als ich zwei wunderbare Sitznachbarn hatte. Eine Dame und einen Mann. Sie waren dienstlich unterwegs und ich durfte in der Mitte der beiden sitzen. Nach einiger Zeit kamen wir tiefer ins Gespräch. Beide waren Polizeibeamte und zu einer Fortbildung in Israel gewesen. Ich erzählte den beiden von unserer Israelreise. Sie wollten wissen, was ich in meinem Dienst so alles erlebe.

Dann kamen wir auf Gott zu sprechen. Der Mann bekannte sich als Agnostiker. Er war sich sicher, dass es etwas Höheres gibt, aber wie man dieses höhere Wesen nennt, war aus seiner Sicht nicht so wichtig. Daraufhin fragte ich ihn, ob er Kinder habe. Begeistert berichtete er mir von seiner kleinen Tochter.

„Angenommen wir fliegen über deine Heimat und dein Haus, würde deine Tochter glücklich sein, wenn sie wüsste, dass hoch oben, in über 10.000 Metern Höhe, weit weg von ihr, der Papa ist?", fragte ich ihn. „Nein!", meinte er und fuhr mit folgenden Worten fort: „Damit das Glück perfekt wäre, müsste ich herunterkommen und landen und sie in meinen Armen halten." Dann fragte ich ihn, wie es für ihn wäre, wenn seine Tochter eines Tages sagen würde, dass es nicht wichtig ist, wie ihr Papa heißt und wo der gerade ist und sie keine persönliche Beziehung mit ihm pflegen möchte. Er meinte, dass es entsetzlich für ihn wäre, für sein Vaterherz.

Daraufhin antworte ich ihm: „Nun hast du es verstanden! Genauso hat es Gott gemacht. Damit unser Glück perfekt wird, kam er herunter und breitete die Arme aus. Er zwingt niemanden, sich darin geborgen zu fühlen, sich hineinfallen und führen zu lassen. Er stellt es jedem frei! Aber *wie sehr* muss es sein Vaterherz schmerzen, wenn ihn die Welt ablehnt und verachtet. Und wie sehr muss auch das Herz eines Kindes leiden, wenn seine Sehnsucht nach dem Vater nicht gestillt wird!"

Ich sah in die Augen dieses wunderbaren Vaters. Sein Herz wurde berührt. Ich bin mir sicher, dass er diese Zeilen liest. Ich bete für dich, mein Lieber, es war kein Zufall, dass wir denselben Flug hatten und dass wir nebeneinandersaßen. Ich glaube, Gott sehnt sich nach dir (und nach dem Rest der Welt), danach, euch in seine Arme zu schließen, damit euer beider Herz zur Ruhe kommt.

Ich bin mir sicher, dass der Beamte, als er zu Hause ankam und seine Lieben in die Arme nahm, die Vollkommenheit des Augenblickes spürte und er im Grunde seines Herzens alles verstanden hat.

Über den Wolken? Das genügt meinem Herzen nicht. Gott landete vor 2000 Jahren. Doch in der Empfangshalle herrschte wenig Begeisterung, kein roter Teppich wurde ausgerollt, keine Willkommensschilder aufgestellt. Von vielen erlebte er das Gegenteil: Ablehnung pur bis hin zur Gleichgültigkeit, die ich als noch schlimmer empfinde.

Abgelehnt. Bis heute hat sich nicht viel verändert.
Aus Sehnsucht und bedingungsloser Liebe kam er, um mitten in unserem Herzen zu landen.

Unsere SEHNSUCHT ist die Suche nach dem Paradies, nach Anerkennung, nach Heimat, nach Schönheit, nach Ewigkeit – nach Gott. Mit Jesu Landung kam das Paradies zu uns! Der Himmel kam zu uns und „flog" unseren Herzen entgegen!

Und du, stehst du in der Empfangshalle? Bist du bereit, herzlich umarmt zu werden und den Gast in deinem Herzen willkommen zu heißen?

# KAPITEL 16

# Das unangenehme Kapitel

Ich habe ein wenig selbst mit mir gerungen, dieses Kapitel zu schreiben. Aber vielleicht geht es auch genau darum, dass wir die Dinge beim Namen nennen und der Sehnsucht unseres Herzens in jeglicher Hinsicht folgen, selbst wenn uns der Verstand manches Mal etwas anderes rät. Es handelt sich hierbei um zwei Geschichten.

Eine Gemeinde lud mich zu einem Gottesdienst ein, in dem ich über mein Herz sprechen durfte. Die Bitte des Gastgebers war: „Sprich, was du auf deinem Herzen hast."

Meistens stehe oder sitze ich, bevor ich dran bin, ganz hinten, weil ich so einen gewissen Überblick habe und auch ein besseres Gefühl für meine baldigen Zuhörer entwickeln kann (und wohl auch deshalb, weil ich früher im Sicherheitsdienst stets ganz hinten stand).

So fiel mir ein Mann auf, der irgendwie nicht so zu den übrigen passte. Er stand ebenfalls hinten, ging immer wieder raus und zog nervös an seiner Zigarette. Er schien mir ein „harter" Kerl zu sein.

Immer und immer wieder ging er zum „dampfen" raus. Als ich endlich dran war, um aus meinem Herzen zu berichten, fiel mir auf, dass er den ganzen Vortrag über hinten stehen blieb. Ich spürte, dass er mir irgendwie der Nächste unter all den vielen Gästen geworden war.

Ich sprach über mein hartes Herz, das ich fast 37 Jahre mit mir herumgetragen hatte. Ich redete offen über meine Fehler als Sohn, Ehemann, Bruder usw. Während ich sprach, weinten einige meiner Zuhörer. Meine Geschichte ist oft auch ein Stück weit die Geschichte von vielen anderen. Als ich fertig war, sah ich wie mein „Nächster" wieder raus zum Rauchen ging.

Ich folgte ihm. Als er mich sah, musterte er mich eine Weile, zog noch einmal intensiv an seinem Glimmstängel und holte Luft – um mir das wohl netteste Kompliment zu machen, das ich je bekommen hatte: „Du bist ein Arschloch!", schoss er mir sanft entgegen und nickte dabei bestätigend.

Irgendwie musste ich schmunzeln, damals wie heute – sogar jetzt beim Schreiben grinse ich in meine Tastatur.

„Wie, ich bin ein Arschloch?", konterte ich. Daraufhin er: „Ja, du bist echt ein Arschloch! Weißt du, ich komme seit einigen Wochen hierher. Aber noch nie wurde mein Herz so sehr berührt wie heute. Du hast mich echt getroffen und meine Baustellen, meine Wunden aufgedeckt. Nun bin ich gefordert, und das ist mir irgendwie gar nicht recht. Ich weiß, was ich nun tun sollte, habe aber Angst davor."

Was für ein Lob, was für ein Eingeständnis, was für ein toller Mann. Ich mag solche Burschen. Sie imponieren mir. Ihre Direktheit, ihre klare Linie. Man weiß, wie man bei ihnen dran ist.

Ich bat ihn, er möge mir doch mal schreiben, wie seine Geschichte und sein Leben weitergehen.

Einige Wochen nach unserem Treffen bekam ich eine Mail von ihm. Ich wusste sofort, dass sie von ihm war, denn im Betreff stand: „Arschloch". Verzeiht mir bitte das Wort, aber so war es halt.

Er teilte mir mit, dass er die Dinge mit großer Angst in Angriff genommen habe und nun mehr und mehr der Freiheit seines Herzens näherkomme.

Ein toller Mann, der es verstand, besondere Komplimente zu überreichen. Ich werde ihn nie vergessen. Sein Herz wurde berührt und dadurch auch meines.

Die zweite Geschichte ereignete sich irgendwo in der Pfalz. In einem Gemeindehaus durfte ich ein Projekt zur Selbstbehauptung anbieten und im Anschluss zum Thema „Vatersehnsucht" sprechen.

Im praktischen Teil erklärte ich den Teilnehmern, wie wichtig unsere Körpersprache ist und wie wichtig es ist, seinen Wert zu kennen. Deshalb spielten wir Spiele, die das Vertrauen in uns und den anderen fördern sollten. Reflexübungen, Körperspannung,

Einsatz der Sprache und vieles mehr. Neben der Ernsthaftigkeit wurde auch jede Menge gelacht. Jung und Alt hatten Spaß, und ich mitten drin. Das tut meinem Herzen jedes Mal so gut. Ich bin dankbar, diesen Dienst tun zu dürfen.

Am Ende meines Vortrages, bat mich eine Frau um ein persönliches Gespräch. So saßen wir dann im Gemeindehaus. Ich schätzte sie auf Mitte vierzig, eine sehr hübsche Frau und gut gekleidet. Sie erzählte mir, dass ihre beiden Söhne, die mitten in der Pubertät waren, kaum ihren Wert kennen würden. Daraufhin fragte ich sie, ob denn sie selbst und der Papa der Jungs ihren Wert kennen.

Ich bin ja kein Psychologe, aber durch mein Leben und durch Tausende von Begegnungen in den unterschiedlichsten Einrichtungen habe ich mehr und mehr ein Gefühl für Menschen bekommen. Auf meine Frage hin, ob denn sie und ihr Mann ihren Wert kennen, stieg Wut in ihr hoch. Sie holte tief Luft, und dann bekam ich eine Antwort, die ich so nie erwartet hätte:

„Der Vater", sagte sie in ernstem Ton, „also der Vater der Jungs ist ein riesengroßes Arschloch!"

Da war es heraus. Da saß ich nun dieser weinenden Frau gegenüber und wusste kaum, wie ich reagieren sollte. Nie im Leben hatte ich je so eine Antwort bekommen. Irgendwie fühlte ich, dass ihr Herz übervoll war.

Wem das Herz voll ist, dem geht der Mund über. Ich glaube, das gilt in jeglicher Hinsicht. Ist das Herz voll Schmerz, Bitterkeit, Enttäuschungen, Verletzungen oder aber auf der anderen Seite voller Liebe, dann wird das auch im Sprechen zum Ausdruck kommen. Was hat sich wohl im Herzen von Menschen angesammelt, die schreien und andere mit Worten verletzen? Aber auch bei Menschen, die loben, die Liebe aussprechen? Auch deren Herz ist voll. Es ist abgefüllt mit Liebe.

Womit ist dein Herz gefüllt? Wäre es vielleicht sogar mal an der Zeit, dein Herz auszuschütten?

So fragte ich diese wunderbare Frau, was sich denn das „Riesenarschloch" (nochmals Verzeihung für die Worte, aber so spielte sich das damals ab) so alles erlaubte. Sie begann zu erzählen und sprach sich dabei die ganze Bitterkeit von ihrem Herzen. Sie war vom Vater der Kinder geschieden und wieder neu verheiratet. Jetzt sprach sie sich ihre unendliche Last von der Seele.

Nachdem sie sich ihre unendliche Last von der Seele gesprochen hatte, saß sie fast schon erleichtert und still vor mir. Ich sagte: „Weißt du, etliches von dem ‚Riesenarschloch', wie du ihn nennst, steckt in deinen Söhnen – körperliche Merkmale, aber auch charakterliche Züge. Sie haben sehr viel von ihm. Wenn man es also genau nimmt, könnte man sagen, und bitte nicht böse sein, hast du zwei kleine Arschlöcher zu Hause."

Ich hörte mich selbst reden. Hatte ich das wirklich gesagt? Oh ja, ich hatte tatsächlich das ausgesprochen, was ich gedacht hatte, und gleichzeitig um Verzeihung gebeten. Doch sie antwortete:

„Nein, Michael, danke für deine Ehrlichkeit! Seit vielen Jahren gehe ich in Seelsorge, so direkt war noch kein Mensch zu mir. In der Tat, wenn ich meine Jungs anschaue, sehe ich ihren Vater in ihnen. Wenn sie streiten, recht haben wollen, stets sehe ich ihn. Und um ganz ehrlich zu sein, kann ich sie deshalb gar nicht richtig annehmen. Dessen bin ich mir nun im Laufe unseres Gespräches bewusst geworden. Was rätst du mir?"

Mein Herz wurde so tief berührt, dass ich es kaum beschreiben kann. Im Gespräch teilte sie mir mit, dass ihr „Ex" keineswegs gewalttätig war und keine Gefahr von ihm ausgehe, sondern dass ihre Konflikte „nur" auf verbaler Ebene stattgefunden hatten. Deshalb folgte ich einem weiteren Impuls und bat sie, künftig für den Papa der Kinder zu beten, ihn zu segnen und, wenn es eines Tages ihr Herz sagen würde, zu ihm zu fahren und ihn um Verzeihung für *ihre* Fehler zu bitten und ihm mitzuteilen, dass sie ihn künftig als den „Vater" der Jungs ehren würde.

Ich spürte damals, dass meine Worte sie tief im Herzen berührten. Als wir uns verabschiedeten, konnte man ihrem Gesicht Aufbruchstimmung ablesen. Sie lächelte und wir drückten uns kurz bei der Verabschiedung.

Ich war damals mit einem meiner Freunde unterwegs, dem katholischen Pfarrer Wolfgang Woppmann, „Woppi" genannt. Wir verweilten noch einige Zeit in der Gemeinde, bevor wir unsere mehrstündige Autofahrt in Angriff nahmen. Etwa drei Stunden nach dem Gespräch mit der Mutter meldete sich mein Handy mit einer Nachricht von ihr. Da wir im Auto waren, bat ich „Woppi", sie mir vorzulesen.

Mitten in der Nacht war sie mit ihrem jetzigen Ehemann und den beiden Söhnen zu ihrem Exmann, dem Papa der Jungs, gegangen und hatte ihn für ihre Fehler um Verzeihung gebeten. An der Haustüre hatte sie ihm versprochen, ihn von nun an als den Vater der Kinder zu ehren. (Ihr jetziger Ehemann muss ein klasse Typ sein, dass er seiner Frau auf diesem schweren Weg zur Seite stand.) Am Ende der Nachricht war noch zu lesen, dass sie nach vielen Jahren heute Nacht die Befreiung ihres Herzens hatte erleben dürfen.

„Die Befreiung ihres Herzens" – das dürfen auch wir Männer von dieser Frau und ihrem jetzigen Ehemann lernen. Was für einen mutigen Weg sie doch gegangen sind.

Wie gesagt, habe ich eine Weile mit mir gerungen, diese zwei Geschichten hier zu schreiben, wegen der vulgären Wörter. Doch bedenke, die klaren Worte aus den Herzen der Beteiligten führten zu einer inneren Befreiung, und das ist ja das Ziel dieses Buches: Leinen los, Anker einziehen und der Freiheit entgegen!

Jene Beteiligten schütteten ihre vollen Herzen aus, was dazu führte, gehört zu werden, loszulassen, neue Wege zu gehen. Sie alle wurden belohnt und mit neuem Leben beschenkt.

# KAPITEL 17

# Versunken

Da sank der kleine Frachter mit den dreizehn Mann an Bord. Binnen kurzer Zeit wurde das Schiff in die Tiefe gezogen.

Noch kurz zuvor schien die Welt in Ordnung gewesen zu sein. Doch plötzlich, der Moment, der alles veränderte. Harrison Okene, der Schiffskoch, war der Einzige, der dies noch realisieren konnte, denn alle anderen zwölf Männer starben.

Da lag er nun in dreißig Metern Tiefe und hatte trotz des Leids und der Dunkelheit das unbeschreibliche Glück, in einer Luftblase zu sein. Allerdings zerfraß das Salzwasser zunehmend seine Haut und die Kälte wurde von Minute zu Minute unerträglicher.

Für Harrison war es sonnenklar: Nur Gott konnte ihm hier helfen. In Interviews wurde er hinterher gefragt, ob er Hoffnung gehabt habe, und wenn ja, warum und von wem. Er antwortete: „Meine Hilfe und meine Hoffnung kamen von Gott, von wem sonst?" Auf die Frage, an welchen Gott er glaube, antwortete er, dass es nur einen Gott gebe, der sich bereit erklärt habe, mit ihm in dieser Luftblase zu sein, nur einen Gott, der ihm nahe zu sein vermochte.

Für ihn war es selbstverständlich, nur Gott würde ihn hören, nur der, der das Leben selbst ist, kann Leben schenken. Hier waren keine Meditationspraktiken gefragt. Auch Horoskope oder Glücksbringer konnten jetzt nicht helfen. In einer solchen Tiefe, in der Dunkelheit und Einsamkeit, brauchst du kein „höheres Wesen" oder gar die „Energie des Universums", sondern du brauchst den, der das Universum mitsamt seiner Energie aus Liebe geschaffen hat, den Einen, der mit dir in der Luftblase sitzt, der dir trotz aller Finsternis und Kälte nahe ist.

Es ist der Gott der Liebe, der von oben freiwillig in die Tiefe kam, der sich selbst in die Dunkelheit begab, der die Ablehnung und Kälte dieser Welt zu spüren bekam wie kein anderer Mensch je zuvor – Jesus Christus.

Ja, Harrison hatte dort unten gespürt – GOTT IST DA!

Kurz bevor Okenes Schiff untergegangen war, hatte ihm seine Frau noch eine SMS mit einem Psalm geschickt, der folgenden Vers enthält:

*Denn du errettest mich aus aller meiner Not.*[1]

So, und nun zu euch da draußen, überall im Land, in eurer persönlichen Luftblase, inmitten von Dunkelheit, Trauer, Einsamkeit und Kälte. Ich wünsche euch (und mir auch), dass ihr von Okene etwas lernt. Zu wem würdest du in dreißig Metern Tiefe während dieser sechzig Stunden schreien? Wenn du kaum noch atmen kannst? Wenn deine Haut langsam zerfressen wird?

Für ihn war klar, allein Gott ist seine Rettung!

Taucher, welche die Leichen bergen wollten, fanden ihn nach fast drei Tagen. Der Retter, der ihn fand, schrie: „ER LEBT – ER LEBT!"

Dies wünsche ich dir und euch allen inmitten der täglichen Luftblase auch: dass du LEBST!

Harrison wurde gerettet, aber die eigentliche Rettung hatte er schon vor langer Zeit erlebt, als sein Herz anfing, Gott zu vertrauen und ihn zu lieben. Er war zwar an diesem schrecklichen Tag untergegangen, aber sein Herz war schon lange im sicheren Heimathafen angelangt, weil es fest in Gott verankert war.

---

[1] Die Aussage ist in diversen Psalmen enthalten wie z. B. 31, 34, 54, 59.

# KAPITEL 18

# Das Herz eines Ritters

Ihr Blick war eindringlich, flehend und ermahnend. Ich schätze, sie war über achtzig Jahre alt, die feine Dame, die mich nach einem Vortrag in Hessen um einen Gefallen bat. Meine Rede hatte ihr Herz berührt. Sie war sehr dankbar, aber etwas hatte ihr gefehlt, und darauf machte sie mich jetzt aufmerksam.

„Michael, bitte lehre die Jungs und die Männer die Tugenden der Ritterlichkeit!" Boah, was für eine Bitte! Ich hatte mir einige Filme über Ritter angeschaut, war als Kind selbst beim Spielen so manches Mal ein Ritter gewesen, doch nie hatte ich von den „Tugenden der Ritterlichkeit" gehört. Ich versprach der Dame, mich schlau zu machen und das männliche Geschlecht mehr und mehr mit diesen Tugenden vertraut zu machen, ihre Herzen damit zu füllen, einschließlich meinem eigenen.

Es war ein besonderer Moment, als mich die Dame dies bat. Ich komme dem von Herzen gerne nach! Hier sind sie, die „Tugenden der Ritterlichkeit":

- Demut
- Ritterliches Ansehen
- Würde
- Freundlichkeit
- Seelische Hochstimmung
- Höflichkeit
- Tapferkeit
- Maßvolles Leben
- Zurückhaltung

- Freigebigkeit
- Großzügigkeit
- Dienstbare, hingebungsvolle Liebe
- Treue
- Wohlerzogenheit

Mein Herz war von den Worten der Dame und *wie* sie es sagte sehr berührt worden, und auch von dem, was ich beim Suchen nach den Tugenden der Ritterlichkeit fand. Die Dame hatte gemeint, dass diese Tugenden mehr und mehr verloren gingen. Nun liegt es auch ein Stück an dir und mir, ob wir sie wieder mehr und mehr ausleben, sodass unsere Herzen dadurch noch lebendiger werden und wir bessere Vorbilder darstellen.

Gerade, während ich dieses Kapitel schrieb, berührte geniale Musik mein Männerherz. Ich schaute aus dem Fenster und begann ein wenig zu träumen:

Ich war so um die zehn Jahre, als ich ein Ritter sein wollte. Ein Streiter für das Gute und für Gerechtigkeit. Pfeil und Bogen haben wir uns selbst geschnitzt (sogar ohne uns dabei versehentlich ein Bein zu amputieren; ja, wir konnten mit einem Taschenmesser umgehen). Auch Ritterschilde besaßen wir. Wir waren Helden. Für ein paar Augenblicke war ich eben auf unserer Ruine und tobte auf den Hügeln. Mein Bogen gab mir Sicherheit. Sämtliche Sehnsüchte waren in diesen Momenten gestillt. Damals hatte ich ein „Ritterherz".

Es schlägt immer noch dasselbe Herz in meiner Brust.

# KAPITEL 19

# Das Herz in der Bibel

Über 800 Mal soll der Begriff „Herz" in der Bibel vorkommen. Ich bitte um Nachsicht, dass ich es nicht nachgezählt habe, aber dies habe ich aus mehreren Artikeln erfahren. Was will uns der Urheber der Bibel erklären? Was will er unserem Herzen sagen, und wie viel Herz steckt von ihm selbst darin?

Ich habe hier einige Verse aufgelistet[1]. Lies sie mit dem Herzen!

*Behüte dein Herz mit allem Fleiß,*
*denn daraus quillt das Leben (Spr 4,23).*

*Euer Schmuck soll nicht äußerlich sein – mit Haarflechten, goldenen Ketten oder prächtigen Kleidern –, sondern der verborgene Mensch des Herzens, unvergänglich, mit sanftem und stillem Geist: Das ist köstlich vor Gott (1 Petr 3,3-4).*

*Wie sich im Wasser das Angesicht spiegelt,*
*so ein Mensch im Herzen des andern (Spr 27,19).*

*Es ist das Herz ein trotzig und verzagt Ding; wer kann es ergründen? Ich, der HERR, kann das Herz ergründen und die Nieren prüfen und gebe einem jeden nach seinem Tun, nach den Früchten seiner Werke (Jer 17,9-10).*

*Er gebe dir, was dein Herz begehrt,*
*und erfülle alles, was du dir vornimmst! (Ps 20,5).*

*Ihr werdet mich suchen und finden; denn wenn ihr mich von ganzem Herzen suchen werdet, so will ich mich von euch finden lassen, spricht der Herr (Jer 29,13).*

---

[1] Alle Verse entstammen der Lutherübersetzung 2017.

*Gnade und Treue sollen dich nicht verlassen.*
*Hänge meine Gebote an deinen Hals*
*und schreibe sie auf die Tafel deines Herzens,*
*so wirst du Freundlichkeit und Klugheit erlangen,*
*die Gott und den Menschen gefallen (Spr 3,3-4).*

*Verlass dich auf den Herrn von ganzem Herzen,*
*und verlass dich nicht auf deinen Verstand,*
*sondern gedenke an ihn in allen deinen Wegen,*
*so wird er dich recht führen (Spr 3,5-6).*

*Schaffe in mir, Gott, ein reines Herz*
*und gib mir einen neuen, beständigen Geist (Ps 51,12).*

*Aber der HERR sprach zu Samuel: Sieh nicht an sein Aussehen und seinen hohen Wuchs; ich habe ihn verworfen. Denn es ist nicht so, wie ein Mensch es sieht: Ein Mensch sieht, was vor Augen ist; der Herr aber sieht das Herz an (1 Sam 16,7).*

*Jesus aber sprach zu ihm: „Du sollst den Herrn, deinen Gott, lieben von ganzem Herzen, von ganzer Seele und von ganzem Gemüt" (Mt 22,37).*

*Habe deine Lust am Herrn;*
*der wird dir geben, was dein Herz wünscht (Ps 37,4).*

*Ein jeder (gebe), wie er's sich im Herzen vorgenommen hat, nicht mit Unwillen oder aus Zwang; denn einen fröhlichen Geber hat Gott lieb (2 Kor 9,7).*

*Ein fröhliches Herz tut dem Leibe wohl; aber ein betrübtes Gemüt lässt das Gebein verdorren (Spr 17,22).*

*Mein Sohn, vergiss meine Weisung nicht,*
*und dein Herz behalte meine Gebote,*
*denn sie werden dir langes Leben bringen*
*und gute Jahre und Frieden (Spr 3,1-2).*

*Ich suche dich von ganzem Herzen;*
*lass mich nicht abirren von deinen Geboten (Ps 119,10).*

*Lass dir wohlgefallen die Rede meines Mundes*
*und das Gespräch meines Herzens vor dir,*
*Herr, mein Fels und mein Erlöser (Ps 19,15).*

*Deine Zeugnisse sind mein ewiges Erbe;*
*denn sie sind meines Herzens Wonne (Ps 119,111).*

*Wahrlich, ich sage euch: Wer zu diesem Berge spräche: Heb dich und wirf dich ins Meer!, und zweifelte nicht in seinem Herzen, sondern glaubte, dass geschehen würde, was er sagt, so wird's ihm geschehen (Mk 11,23).*

*Ich danke dir mit aufrichtigem Herzen,*
*dass du mich lehrst die Ordnungen deiner Gerechtigkeit (Ps 119,7).*

*Wohl denen, die sich an seine Zeugnisse halten,*
*die ihn von ganzem Herzen suchen (Ps 119,2).*

*Denn wo dein Schatz ist, da ist auch dein Herz (Mt 6,21).*

*Hoffnung, die sich verzögert, ängstet das Herz;*
*wenn aber kommt, was man begehrt, das ist ein Baum des Lebens (Spr 13,12).*

*Selig sind, die reinen Herzens sind;*
*denn sie werden Gott schauen (Mt 5,8).*

*Er heilt, die zerbrochenen Herzens sind,*
*und verbindet ihre Wunden (Ps 147,3).*

*Ich traue aber darauf, dass du so gnädig bist;*
*mein Herz freut sich, dass du so gerne hilfst.*
*Ich will dem Herrn singen, dass er so wohl an mir tut (Ps 13,6).*

*Zerreißt eure Herzen und nicht eure Kleider und kehrt um zu dem Herrn, eurem Gott! Denn er ist gnädig, barmherzig, geduldig und von großer Güte … (Joel 2,13).*

*Lege mich wie ein Siegel auf dein Herz,*
*wie ein Siegel auf deinen Arm.*
*Denn Liebe ist stark wie der Tod*
*und Leidenschaft unwiderstehlich wie das Totenreich.*
*Ihre Glut ist feurig und eine gewaltige Flamme (Hld 8,6).*

*Sorge im Herzen bedrückt den Menschen;*
*aber ein freundliches Wort erfreut ihn (Spr 12,25).*

*Hoffnung aber lässt nicht zuschanden werden; denn die Liebe Gottes ist ausgegossen in unsre Herzen durch den Heiligen Geist, der uns gegeben ist* (Röm 5,5).

*Ich danke dem Herrn von ganzem Herzen
und erzähle alle deine Wunder* (Ps 9,2).

*Doch auch jetzt noch, spricht der Herr,
kehrt um zu mir von ganzem Herzen …* (Joel 2,12).

*Ich behalte dein Wort in meinem Herzen,
damit ich nicht wider dich sündige* (Ps 119,11).

*Neige mein Herz zu deinen Zeugnissen
und nicht zur Habsucht* (Ps 119,36).

*Und ich will euch ein neues Herz und einen neuen Geist in euch geben und will das steinerne Herz aus eurem Fleisch wegnehmen und euch ein fleischernes Herz geben* (Hes 36,26).

*Siehe, ich gehe heute dahin wie alle Welt; und ihr sollt wissen von ganzem Herzen und von ganzer Seele, dass nichts dahingefallen ist von all den guten Worten, die der Herr, euer Gott, euch zugesagt hat. Es ist alles gekommen und nichts dahingefallen* (Jos 23,14).

*Mein Sohn, wenn dein Herz weise ist,
so freut sich auch mein Herz* (Spr 23,15).

*Lass Unmut fern sein von deinem Herzen und halte das Übel fern von deinem Leibe; denn Jugend und dunkles Haar sind eitel* (Pred 11,10).

*Mein Sohn, merke auf meine Rede
und neige dein Ohr zu meinen Worten.
Lass sie dir nicht aus den Augen kommen;
behalte sie in deinem Herzen,
denn sie sind das Leben denen, die sie finden,
und heilsam ihrem ganzen Leibe* (Spr 4,20-23).

*Seht zu, Brüder und Schwestern, dass niemand unter euch ein böses, ungläubiges Herz habe und abfalle von dem lebendigen Gott* (Hebr 3,12).

Da kennt sich einer mit unserem Herzen aus. Nur der, der es erschaffen hat, weiß letztlich auch, was gut für es ist. Ich stelle fest, ER ist der beste Herzspezialist, den es gibt. Mache Gott zu deinem persönlichen Kardiologen, ihn, der selbst jedem Kardiologen sein Herz aus Liebe geschenkt hat.

# Ein Wort danach

So, ihr Lieben, nun habe ich mir vieles vom Herzen geschrieben. Liebe erwartet gar nichts, aber hofft alles. Ich schrieb offen über meine Ängste, meine Sehnsüchte und über den einen, dessen Name „Ich bin für dich da" ist.

Ich hoffe sehr, dass dein Herz berührt wurde. Ich habe für dich gebetet, ja, ich meine dich, der du das gerade jetzt liest. Auch wenn ich dich nicht kenne, *Gott* kennt dich und dein Herz von Grund auf.

Ihm kannst du dein Herz anvertrauen. Vor ihm musst du dich nie schämen. Du kannst ihn auch niemals enttäuschen, denn das hieße ja, er hätte sich zuvor in dir getäuscht, und ehrlich gesagt glaube ich das nicht, da er doch unser Herz ganz genau kennt!

Gott sucht keine Vollkommenen, denn die würde er nicht finden. Er sucht dich und mich!

Lade ihn doch in dein Herz ein und lass es von ihm gesund lieben! Du weißt nicht, wie das geht? Es ist nur ein kleines Gebet, ein kleines kostbares Gespräch mit dem himmlischen Papa.

Falls du von Christen enttäuscht wurdest, verstehe ich deine Bedenken; ich selbst bin ja auch Christ und habe so manches Mal jemanden enttäuscht und damit verletzt. Wie lautet doch ein so kostbarer Satz: „Christen können enttäuschen, doch Christus enttäuscht nie!" Und dann ist es auch noch sehr wichtig, worauf wir unseren Blick richten! Auf das Schlechte oder auf das Gute? Wir werden mit Sicherheit stets das finden, wonach wir Ausschau halten.

Hier nun ein kleines, kostbares Gebet:

*Jesus, du siehst in mein Herz,*
*siehst, was Menschen mir angetan haben*
*und auch den Mangel an Liebe, den ich erlitten habe.*
*Du siehst, was Verletzung und Mangel in mir verursacht haben.*
*Ich habe gehört,*

*dass durch deine Wunden die meinen heil werden,*
*dass du für alle meine Fehler am Kreuz bezahlt hast*
*und dass du dein Herz ganz und gar an mich verschenken*
*möchtest.*
*So bitte ich dich heute, hier und jetzt:*
*Bitte komm DU in mein Herz.*
*Fülle es mit deiner Liebe aus.*
*Gib mir ein neues Herz,*
*ein Herz, das seinen wahren Sehnsüchten folgt*
*und ein Bote deines Vaterherzens und deiner Liebe wird.*
*Ich bekenne:*
*Von nun an bist du mein Herr, mein Gott und mein Freund.*
*Bitte bleib bei mir alle Tage meines Lebens und*
*forme mein Männerherz so, wie du es einst gedacht hast.*

Lies jeden Tag einen Abschnitt aus dem Buch, das über 800 Mal das Wort „Herz" enthält. Die Bibel! Fange mit dem Neuen Testament an. Suche dir eine Gemeinde, die an dem Apostolischen Glaubensbekenntnis, an dem dreieinigen Gott festhält. Tue dich mit Christen zusammen.

Alte Freunde gehen vielleicht, neue kommen, wahre Freunde bleiben.

„*Mehr als alles andere behüte dein Herz*", und was immer auch kommt, „*euer Herz erschrecke nicht*", denn der „Ich bin für dich da" ist immer da.

Es folgt ein Auszug aus meinem Roman „Verbranntes Männerherz"[1]. Es sind die Gedanken eines Mannes, der Jesus nach schweren Krisen in sein Männerherz einlud, welches für seine Mitmenschen und auch für ihn selbst mehr und mehr zur Geheimsache geworden war, und dessen Herz neu zu schlagen begann:

Jesus hatte einmal gesagt: „Ihr nun sollt vollkommen sein, wie euer himmlischer Vater vollkommen ist."[2]
Ich hatte diese Worte nie verstanden. Doch jetzt konnte ich sie erleben. Als ich das Herz Jesu ein Stück weit sah, sagte ich

---

[1] Michael Stahl, *Verbranntes Männerherz*, GloryWorld-Medien 2012.
[2] Mt 5,48.

„Ja" zu dieser unfassbaren Liebe! Als ich erkannte, was Jesus am Kreuz von Golgatha erlitten hatte, spürte ich diese unbegreifliche Liebe von Gott zu uns Menschen.

Ich will nur noch sein Kind sein und mit ihm meinen Weg gehen.

Mit jedem Schritt, jedem liebevollen Gedanken an ihn und jedem Gebet erfahre ich, was es bedeutet, ein vollkommener Mann zu werden, wie Gott es wollte. Ein Kämpfer der Gerechtigkeit, ein Streiter für die Liebe, einer, der den Geringsten achtet und schätzt und die Kleinsten und Schwächsten wie Könige behandelt.

Jedes Männerherz, das seine Wurzeln und seine Bestimmung kennt, lebt wahrhaftig. Es schämt sich seiner eigenen Schwachheit und seiner Tränen nicht. Es sucht Frieden, sieht die Schönheit, die jede Frau in sich trägt, und kämpft für jene, die es selbst nicht tun können.

Natürlich wird dieses Männerherz auch angegriffen und verletzt. Die Welt da draußen wird gegen es kämpfen, weil es anders ist. Doch Gott selbst wird für dieses Männerherz streiten und seine Wunden heilen. Dieses Männerherz wird seine Narben wie Orden tragen, und es wird nicht müde, diesen Kampf zu kämpfen, solange es sich lohnt. Alles, was es aus Liebe tun wird (Liebe aussprechen, um Verzeihung bitten ...) ist ein weiterer Schritt zur Vollkommenheit.

Dieser Weg wird nicht einfach sein, aber wir sind nie allein. Gott sucht keine Vollkommenen, denn da wird er keine finden, er sucht dich und mich. Was wir nicht tun können, hat er schon getan. Die Vollkommenheit wohnt in unserem Herzen. Halte durch, Männerherz! Schlage weiter und weiter für den einen, dessen Herz für dich aus Liebe schlägt.

# TEIL 2

## Geheimnisvolle Schatztruhe –
## Offene Männerherzen

Einige wunderbare und tolle Männer geben uns hier einen Einblick in ihr Herz. Ein Schatz, da sie und viele andere Männer so besser zu verstehen sind. Viel Erkenntnis, Weisheit und vor allem Liebe wünschen wir dir beim Durchstöbern und Entdecken der Schatztruhe.

# KAPITEL 20

# Die Brücke der Tränen

Marc Louia

(Gewaltpräventionspädagoge)

Dass der 14. Juli 2017 ein Tag der Kategorie „unvergessliches Ereignis" werden sollte, war mir am frühen Morgen noch nicht klar gewesen. Einziger Fixpunkt in meinem Terminkalender war die Fahrt mit meiner Tochter zur Sportschule, was ich in der Mittagszeit erledigt hatte. Kurz nach eins befand ich mich bereits wieder auf dem Rückweg Richtung Heimat, als das Schicksal (oder war es doch Gottes Wille?) seinen Lauf nahm.

Bevor ich jedoch auf dieses Ereignis zu sprechen komme, muss ich eine Begegnung vorwegschicken, die für den späteren Verlauf entscheidend sein sollte. Schätzungsweise drei Wochen zuvor hatte ich Michael Stahl kennengelernt, da ich ihn um einen Rat gebeten hatte. Die damalige Sachlage war, dass ich nach den Sommerferien ein langfristiges Training mit einer schwierigen, zur Gewalt neigenden Schulklasse beginnen sollte, dies zuvor aber noch nie gemacht hatte. Trotz aller guten Ausbildungen beim *Bundesverband Gewaltprävention* und viel Selbststudium im Bereich des Cool-Down-Trainings war ich mir nicht sicher, ob mein Konzept stimmig war und wollte mich daher mit einem Fachmann unterhalten. So kam ich über Umwege und Empfehlungen zu Michael, der sich auch gleich Zeit für mich nahm.

Bereits nach zehn Minuten bei Michael hatte ich nicht mehr den Eindruck, dass es um mein Training, sondern vielmehr um mich ging. Mit einer einzigen Frage legte Michael meine Seele offen, erzählte mir seine Geschichte und spendete mir Trost für alles, was mir widerfahren ist und mich belastete. Dabei flossen auch Tränen, derer ich mich nicht schäme. Auf meine spätere Frage hin, wie ich denn die Herzen dieser „schwierigen" Schüler erreichen und von ihnen akzeptiert werden könne, gab mir Michael sinngemäß folgenden Rat:

„Wenn du für jemanden in einer schwierigen Lage, jemanden, der vielleicht verzweifelt ist, ansprechend und dabei glaubhaft sein möchtest, erzähle ihm nicht, was in deinem Leben alles toll läuft und was du erreicht hast, sondern sprich über deine Niederlagen und bittersten Momente im Leben. Dann sieht er, dass er nicht alleine ist und dass es einen Weg aus diesem Tal gibt."

Dies versuchte ich mir zu Herzen zu nehmen.

Am Schluss unseres Gesprächs kam der abgefahrene, unglaubliche Moment, den ich erst Wochen später zu deuten wusste: Michael legte mir seine Hand auf den Arm und sagte mit Bestimmtheit:

„Marc, du warst heute nicht umsonst da!"

Damit konnte ich im Moment zwar noch nichts anfangen, zog aber dennoch glücklich von dannen, weil ich ein wertvolles Gespräch mit Michael gehabt hatte.

Zeitsprung wieder zum 14. Juli 2017: Es war mittlerweile gegen zwei, als ich in der Nähe von Reutlingen einen Kreisverkehr und im Anschluss an diesen eine Eisenbahnbrücke passierte. Im Vorbeifahren sah ich auf der Brücke ein junges Mädel auf dem Geländer sitzen und in die Tiefe starren. Komisch an der ganzen Sache war, dass sie die Beine auf der „gefährlichen" Seite herunterhängen ließ, was mich irgendwie stutzig machte. *Ach was*, dachte ich mir zunächst, *fahr weiter, heute Mittag hast du noch viel zu tun.*

So fuhr ich denn auch noch zirka 300 Meter weiter, wobei die innere Stimme in mir immer lauter wurde und mich zum Umkehren drängte. Ich weiß heute gar nicht mehr genau, warum, aber ich wendete meinen Wagen und fuhr zur Brücke zurück, wo ich das Mädchen auch schon außen auf dem schmalen Sims der Brücke stehen sah. *Ach du Scheiße*, war vermutlich der Gedanke, der mir als Erstes durch den Kopf schoss.

Ich stieg aus und ging auf die Brücke zu, wo mich eine telefonierende Frau mit den Worten empfing:

„Nicht näher gehen, sonst springt sie, hat sie gesagt!"

Auch jetzt noch, fast ein Jahr danach, kribbelt es in meinem ganzen Körper, wenn ich mich zum Schreiben dieses Textes in die damalige Situation zurückversetze.

Nun kommt der nächste abgefahrene Moment in der Story, denn ohne dass mein Hirn jemals darüber nachgedacht hätte, sage ich wie aus der Pistole geschossen zu der Frau:

„Lassen Sie mich machen, ich kenne mich da aus!"

War ich wahnsinnig? Ich und damit auskennen? Nie zuvor war ich in einer solchen Situation gewesen! Und das Thema Suizid war sowieso das Horrorthema für mich, seit ich als Ermittler (ich hatte mehrere Jahre der Militärpolizei angehört) am Tatort eines suizidalen deutschen Soldaten gewesen war. Schlagartig kamen wieder viele Gefühle von damals hoch, aber an ein Zurück war jetzt nicht mehr zu denken. Da musste ich nun durch.

„Hallo? Kann ich mit dir sprechen?", waren die ersten Worte, die ich an das Mädel richtete.

„Nicht näherkommen, sonst springe ich!", antwortete sie gleich.

„Keine Angst, ich bleibe weg!", sagte ich, fragte sie aber, ob ich bis an den Rand des Brückengeländers kommen dürfe, denn es sei durch den Verkehr so laut, dass ich sie kaum verstehen könne. Sie gestatte mir dies, und so begann unser Gespräch, in dessen erstem Verlauf ich sie nach ihrem Namen und Alter fragte.

„Vierzehn", antwortete sie mir und es zerriss mir schier das Herz, da meine jüngste Tochter nahezu gleich alt war.

Vierzehn Jahre und sieht keinen Sinn mehr im Leben! Wie verzweifelt muss man sein, um sich in dem Alter in eine solche Situation zu begeben? *Was soll ich tun?*, fragte ich mich. Dann kam mir mein Gespräch mit Michael und damit der rettende Gedanke in den Sinn.

„Weißt du eigentlich, dass es mir auch mal fast so ging? Dass ich mir gewünscht habe, ich wäre tot, nur damit diese schrecklichen Gefühle und Ängste in mir aufhörten?"

Und so begann ich ihr von meinem persönlichen Leidensweg zu erzählen. Ich berichtete ihr von meinem Auslandseinsatz und der schlimmen Zeit danach. Von meinen Albträumen und den Sorgen, dass alles nie mehr normal werden würde. Aber dann auch davon, wie ich mit fremder Hilfe aus diesem Tal herausgekommen war, und dass es Licht am Ende des Tunnels gibt, auch wenn man es noch nicht zu sehen vermag.

Interessiert hörte sie mir zu und erlaubte mir im Laufe des Gesprächs immer näher zu kommen, bis ich schließlich nur noch drei Meter von ihr entfernt war. Dann begann sie sich mir zu öffnen und erzählte mir unter Tränen, dass sie von ihrer Mutter verstoßen sei, ihr Vater sich kaum für sie interessiere und sie sich in der Pflegefamilie als Fremdkörper fühle.

Es waren bittere Momente dort auf der Brücke, in denen wir uns gegenseitig in die Seele schauten und gemeinsam weinten.

Auch hier habe ich mich nicht geschämt, mich öffentlich zu „entblößen" und meine Schwäche zu zeigen. Mittlerweile sah es vor Ort nämlich aus, wie in jedem schlechten Krimi: Polizei an beiden Seiten der mittlerweile abgesperrten Brücke, Feuerwehr, die ein Sprungkissen ablud, um es später unter der Brücke aufzubauen, jede Menge Schaulustige hinter den Absperrungen und mittendrin nur wir beide – ganz alleine. Mithören konnte aber jeder Polizist in Reichweite, was mir jedoch herzlich egal war.

Plötzlich, mitten im Gespräch, das Geräusch eines herannahenden Zuges. *Verdammt, die haben das Gleis noch nicht gesperrt!*, schoss es mir durch den Kopf, und die Angst, sie könne vor den Zug springen, schnürte mir die Kehle zu. Wenige Augenblicke später raste der Zug unter uns hindurch und sie blieb stehen. *Gott sei Dank!*, dachte ich, und unsere Unterhaltung konnte weitergehen.

Irgendwann fragte ich sie, ob es denn niemanden gäbe, der sie vermissen würde, wenn sie spränge, worauf sie mir antwortete, dass ihre beste Freundin dann wohl sehr traurig wäre – und ihr Vater vermutlich.

„Was hältst du davon, wenn wir die beiden jetzt mal anrufen?", fragte ich sie, und sie stimmte glücklicherweise zu.

Mit einer Hand hielt sie sich am Geländer fest, während sie mit der anderen ihr Handy aus der Hosentasche angelte. Ich hoffte innerlich so sehr darauf, dass der oder die Angerufene verständnisvoll reagieren und sie zur Umkehr ermutigen würde! Zunächst probierte sie es bei ihrem Vater, der jedoch nicht zu erreichen war. *Scheiße!*, dachte ich nur und betete, dass jetzt wenigstens die Freundin erreichbar sein möge. Zu diesem Telefonat kam es jedoch zunächst nicht, da sich genau in diesem Moment der Akku ihres Handys verabschiedete.

„Pass auf", sagte ich zu ihr. „Ich biete dir folgenden Deal an: Ich gehe zu meinem Auto und hole mein Handy, mit dem du dann telefonieren kannst. Du versprichst mir nicht zu springen und ich verspreche dir, dich nicht anzufassen, wenn ich zu dir komme und dir das Handy gebe. Abgemacht?" „Ok", sagte sie nur.

Mit zitternden Beinen ging ich zu meinem Auto, und auf dem Weg dorthin hatte ich das Gefühl, kaum atmen zu können. Laut hörbar atmete ich stoßweise und begann vor Anspannung schier zu hyperventilieren.

„Ganz ruhig, Sie machen das prima", hörte ich plötzlich eine Stimme neben mir. Es war der Polizeipsychologe, der wohl schon eine geraume Zeit da war und unsere Unterhaltung verfolgt hatte. „Machen Sie weiter so, sie vertraut Ihnen. Das läuft gut!", sagte er.

*Witzbold*, dachte ich. *So eine Scheiße, und ich mittendrin!*

„Ach ja, und wenn sie doch springt, schauen Sie nicht hinunter!", gab er mir noch mit auf den Weg zurück. *Na super, das hat mich jetzt aber richtig aufgebaut. Also, weitermachen!*

Auf dem Weg zurück zur Brücke hatte ich eine Eingebung, wenn es so etwas geben sollte. Im Gehen öffnete ich den Ordner mit den Familienbildern und klickte ein Foto an, welches meine Frau mit meinen zwei Töchtern zeigte. Bei ihr angekommen, hielt ich ihr das Handy hin, zeigte ihr das Foto und sagte zu ihr:

„Das ist meine Familie, die ich über alles liebe. Als es mir damals so schlecht ging, ging es auch meiner Familie schlecht, denn ich war traumatisiert, voller Sorgen, ständig gereizt und ungerecht ihnen gegenüber.

Wenn du jetzt springst, wird es nicht nur deiner Freundin und deinem Vater sehr schlecht gehen, sondern auch mir und meiner Familie wieder. Wir alle werden sehr leiden. Möchtest du das?" Die Worte kamen nur stockend und stoßweise aus mir heraus, denn die Tränen strömten dabei nur so über mein Gesicht. „Ich versichere dir, dass es einen Weg aus deiner Verzweiflung gibt. Es gibt Menschen, die dich lieben und andere, die dir helfen werden. Du siehst, bei mir hat es auch funktioniert."

Sie sah mir direkt ins Gesicht und überlegte. Ich hielt ihr meine Hand hin und sagte:

„Du kannst jetzt das Handy nehmen und telefonieren, du kannst aber auch meine Hand nehmen, über das Geländer klettern, und wir setzen uns einfach hin und sprechen weiter."

Die Sekunden verstrichen – und dann nahm sie meine Hand und kam zurück ins Leben. Ein unglaublich befreiender und hochemotionaler Moment.

Wir setzten uns an Ort und Stelle auf den Boden, lehnten unsere Rücken an das Geländer und schwiegen – sie in ihren Gedanken über den Wahrheitsgehalt meiner Worte, ich von meinen eigenen Gefühlen überwältigt. Sekunden später tauchte der Polizeipsychologe neben uns auf, setzte sich dazu und begann behutsam ein Gespräch mit ihr. Zeit für mich zu gehen.

Auch ich wurde beim Verlassen der Brücke von einem Polizisten in Empfang genommen, der meine Daten aufnahm und mich fragte, ob ich Betreuung bräuchte.

„Sie hat der Himmel geschickt", waren seine letzten Worte an mich, als wir uns verabschiedeten.

Wer weiß, vielleicht war es ja tatsächlich so ...

# KAPITEL 21

# Folge deinem Herzen

Colin Bell

(Derzeit Trainer der irischen Frauenfußballnationalmannschaft)

Folge deinem Herzen – Lass dein Herz sprechen – Das Herz auf der Zunge tragen. Das und Ähnliches sind Ratschläge, Weisheiten und Charaktereigenschaften, die uns mehr oder weniger bekannt sind. „Jesus hat zu meinem Herzen gesprochen" ist auch eine oft zitierte Aussage unter Christen.

Wie sieht es bei uns aus? Folgen wir diesen Ratschlägen? Hören wir auf unsere Herzen? Hören wir Gottes Stimme? Und falls ja, was sollen wir dann tun? Und was denken die anderen Menschen in unserem Umfeld darüber? Fragen, Fragen, Fragen!

Es können auch Zweifel aufkommen, wie zum Beispiel: Darf ich mich öffnen? Kann ich mein Herz wirklich zeigen? Kann ich Menschen mit Worten von Gott trösten? Oder soll ich besser still sein und mich verschließen?

Mein Vater hatte einen Unfall bei sich zu Hause in England. Mein Neffe rief mich an, um darüber zu berichten. Als ich hörte, was passiert war, war ich wie gelähmt, fassungslos. Und dann kam der allerschlimmste Satz:

„Dein Vater hat nur noch vierundzwanzig Stunden zu leben."

Es war wie ein Messerstich tief in mein Herz. Noch nie habe ich mich so hilflos, schwach und zerbrechlich gefühlt wie in diesem Augenblick.

Erinnerungen wurden wach, wie er mich jeden Sonntag zum Fußball spielen gefahren hatte, obwohl sonntags sein einziger freier Tag war! Die Streitigkeiten als Teenager. Und dann der Tag, als mein Vater im reifen Alter von sechsundachtzig sein Leben Jesus anvertraute, nachdem wir zusammen gesprochen und gebetet hatten. Erinnerungen voller Lebendigkeit. Und jetzt sollte er nur noch vierundzwanzig Stunden zu leben haben?

Mein Neffe sagte dann: „Colin, komm heim, so schnell du kannst!"

Ich packte meinen Koffer und entschloss mich, mit dem Auto zu fahren. Von Deutschland nach Calais, von Calais mit der Fähre nach Dover und von dort nach Leicester wieder mit dem Auto, die Strecke, die ich so oft in den letzten Jahren gefahren war.

Während der Fahrt betete ich erst leise vor mich hin, dann laut, während unendlich viele Tränen mein Gesicht hinunterflossen.

Als ich in Dover ankam, lagen noch drei Stunden Fahrt bis Leicester vor mir. Dann spürte ich auf einmal, wie Jesus tatsächlich zu meinem Herzen sprach:

„If I loved you and your father enough to die for you, don't you think you can trust me now, too?"[1]

Ich spürte Ruhe in meinem Herzen und dann noch die Worte:

„Dein Vater stirbt noch nicht, Colin."

Ich wusste, ich konnte mich auf Gottes Wort verlassen. Mein Herz bekam neue Kraft. Diese Kraft wollte ich dann bei meiner Ankunft im Krankenhaus alle spüren lassen: meine Familie, alle Ärzte, das Pflegepersonal usw. – aber vor allem meinen Vater.

Als ich eintraf, fielen meine drei Schwestern, meine beiden Brüder und ich uns in die Arme. Nur meine Mama war zuhause geblieben, weil es ihr auch nicht so gut ging. Sie war allerdings nicht alleine.

Der Chefarzt stellte sich mir vor und teilte mir mit, was alle anderen schon gehört hatten: „Ihr Vater wird in den nächsten Stunden sterben. Sie sollten sich verabschieden."

Meine Antwort kam klar und deutlich: „Nein, er stirbt nicht! Noch nicht! Jesus holt ihn nach *seinem* Zeitplan, nicht nach Ihrem!" BAM!!! Das saß.

Meine Geschwister schauten mich an, zuerst erstaunt, dann aber mit einem Blick der Hoffnung; und der Arzt irgendwie dann

---

[1] „Wenn meine Liebe zu dir und deinem Vater groß genug war, um für euch zu sterben, kannst du mir dann nicht auch jetzt vertrauen?"

auch. Genau so ist Jesus. Er schenkt uns Hoffnung in jeder Lebenssituation.

Wir gingen zu meinem Vater. Er lag hilflos da, konnte nicht mehr sprechen und würde es wohl auch nie mehr können. Allerdings strahlte er etwas aus: Ruhe und Liebe.

Die Atmosphäre in diesem Zimmer war unfassbar schön. Jesus war hier. Das war für mich deutlich wahnehmbar. Auch mein Vater spürte, dass er nicht alleine war. Er fühlte die Gegenwart Gottes, aber auch die seiner Familie. Jesus lässt uns nicht alleine. Er möchte auch nicht, dass wir in unserem Leid alleine sind.

Am nächsten Tag lebte mein Vater noch und an den darauffolgenden Tagen ebenfalls. Er kam wieder mehr zu sich und sammelte Kraft, sodass er kommunizieren konnte, indem er seinen rechten Arm bewegte. Er konnte uns zustimmen und JA sagen, indem er den Arm hob. Ließ er den Arm liegen, bedeutete es NEIN.

Meine Geschwister und ich nutzten diese Gelegenheit, unserem Vater nochmals zu sagen, wie sehr wir ihn liebten, entweder gemeinsam oder jeder für sich. Jeder hatte seine persönlichen Zeiten mit ihm.

Es war mir wichtig, dass die Ärzte meinen Vater mit anderen Augen betrachteten. Deshalb brachte ich alte Fotos mit. So konnten sie sehen, wer er war, und dass das Hier und Jetzt nur eine Momentaufnahme war.

Ich wollte auch, dass sie in ihren Herzen die Liebe spüren konnten, die wir für diesen alten, zerbrechlichen, hilflosen Mann hatten. Sie sollten wahrnehmen, dass Jesus in dieser Situation anwesend war. Auch wenn sie Jesus nicht direkt annehmen würden, sollten sie spüren, dass etwas in diesem Zimmer anders war. Jeder, der dieses Krankenzimmer betrat, ging anders hinaus.

Jesus hatte einen letzten Auftrag für meinem Vater, dessen bin ich mir sicher. Mein Vater konnte den Menschen Liebe zeigen, und zwar die unendlichen Liebe Jesu. Er konnte sie zeigen, ohne auch nur ein Wort zu sagen!

Mein Papa lebte noch drei Wochen! Während dieser Zeit kamen zwei von meinen drei Schwestern zum Glauben an Jesus! Und ich bin davon überzeugt, dass die anderen Geschwister folgen werden. Jesus hatte zuerst meinen Vater gerettet, um ihn dann zwölf Monate in seinem Dienst einzusetzen und ihn danach heimzuholen.

Öffne auch du dein Herz!

*Alles vermag ich in dem, der mich kräftigt* (Philipper 4,13).

Ich vermag alles durch Jesus, der mir die Kraft gibt – diese Kraft hatte mein Vater drei Wochen lang.

# KAPITEL 22

# Ein dankbares Herz

Peter Neuer

(Vater des Welttorhüters Manuel Neuer)

Seitdem ich 2007 Jesus mein Leben anvertraut habe, ist er der Kapitän in meinem Lebensschiff und nicht mehr ich selbst. Ich beschäftige mich intensiv mit dem Wort Gottes und nehme die Herausforderungen in meinem Leben an. Ich gehe ins Gebet und bitte den Herrn um Weisheit. Er hat immer eine Lösung für mich, ist gnädig und vergibt mir meine Sünden.

Er schenkt uns Liebe!

Ich bin seit elf Jahren glücklich verheiratet. Mit meiner Frau bete ich täglich gemeinsam. Da der Herr uns unterschiedlich geschaffen hat, gibt es auch schon mal unterschiedliche Meinungen. Hin und wieder kommt es sogar zum Streit. Vor allen Dingen, wenn wir alleine und nicht mehr mit den Alltagsdingen beschäftigt sind. Doch Gott sei Dank versöhnen wir uns immer wieder. In früheren Beziehungen, bevor ich meine Frau kennenlernte, war das nicht selbstverständlich gewesen. Da habe ich bei Problemen stets die „Flucht" ergriffen, sodass es zur Trennung kam.

Im Frühjahr 2018 ließ ich den Alltag jedoch zuhause und unternahm mit 53 Männern eine Reise nach Israel. Wir besuchten die Orte, an denen Jesus vor 2000 Jahren gelebt hatte.

Da wir nur Männer waren, kamen die Gespräche zuerst nur schwer in Gang. Man konnte ja nicht andauernd über Fußball, Gott und die Welt reden. Aber bereits am zweiten Tag entstand eine Offenheit und innigere Beziehungen.

Der Besuch der biblischen Orte war verbunden mit Lobpreis und Predigten! Hier dienten besonders Gerhard Wittig, Helmut Jarsetz und Michael Stahl. Bei den Predigten wurde mein Herz häufig berührt. Besonders im Garten Gethsemane, wo Jesus seinen Vater im Gebet gesucht hatte. Er hatte so heftig gebetet, dass sein Schweiß wie Blut auf die Erde getropft war. Das tat er alles nur für uns, um unsere Schuld zu bezahlen.

In Gethsemane nahmen sich viele Männer in die Arme, öffneten ihre Herzen, beteten und vergossen auch Tränen miteinander. Ich spürte den Heiligen Geist, fühlte mich wohl und war sehr beschenkt! Auch Freude, Spaß und Nachdenkliches waren in großem Maß vorhanden:

- im Bus, bei den Fahrten zu den biblischen Orten;
- mit Mahmut, unserem Busfahrer, der uns in seinem Zuhause zum Essen einlud;
- bei Ofers begeisterndem und umfangreichem Wissen als Reiseführer;
- beim Fußballspielen in Bethlehem bei Jonny und seiner Familie (ein Wunder Gottes war es übrigens, dass Michael Stahl fünf Wochen nach seinem schweren Herzinfarkt mit uns Fußball spielen konnte);
- beim Baden im Toten Meer;
- am See Genezareth, an dem auch viele Wunder geschahen;
- bei einer Bootsfahrt auf dem See Genezareth mit wunderbarem Lobpreis, zusammen mit dem messianischen Juden Daniel Carmel;
- bei einem Vortrag von Jakob Damkani und dem Besuch im Sitzungssaal im israelischen Parlament, der Knesset;
- beim Besuch des Holocaust-Museums, in dem die Verbrechen an den Juden zu sehen waren;
- beim Erleben der Gedenkminute an den Holocaust vor 70 Jahren. Der Verkehr stand still; die Autofahrer stiegen aus den Fahrzeugen; tieffliegende Düsenjets erschreckten uns und brachten uns ins Gebet; und sie schrieben mit Rauchzeichen die Zahl 70 an den Horizont.

Nach sieben Tagen traten wir die Rückreise an und zerstreuten uns wieder in alle Himmelsrichtungen – Norden, Süden, Westen und Osten. Auch unsere Brüder aus Südtirol, der Schweiz und Österreich machten sich auf den Heimweg. Insgesamt war die Israelreise mit 53 Männern eine tiefgreifende und bewegende Zeit, die immer in meinem Herzen bleiben wird.

Doch ich freute mich auch wieder auf zu Hause, besonders auf meine Frau, die ich dann wieder in die Arme nehmen konnte.

So ist die von Gott geschenkte Liebe! Jesus ist Liebe!

Rückblickend erkenne ich Gottes Führung in meinem Leben. Diese Erkenntnis und diese Liebe berühren mein Herz zutiefst und machen aus meinem Herzen ein dankbares Herz.

# KAPITEL 23

# Sehnsucht Menschsein

Michael Sternkopf

(Ehemaliger Fußballprofi u. a. des FC Bayern München)

Mit achtzehn unterschrieb ich meinen ersten Profivertrag im Fußball beim Karlsruher SC. Ich spielte unbekümmert und mit voller Leidenschaft in meinem ersten Profijahr und fühlte mich absolut stark und unbezwingbar. Kaum ein Gegenspieler konnte mich aufhalten.

Dann kam irgendwann in der Saison das große Spiel gegen Bayern München mit dem damals wohl besten Verteidiger der Welt, Jürgen Kohler. Die Vorfreude war riesengroß. Zwar verloren wir dann, aber mein Spiel, speziell gegen Jürgen Kohler, muss wohl gut genug gewesen sein, um die Bayern-Macher Uli Hoeneß und Jupp Heynckes zu überzeugen, mich für die kommende Saison zu verpflichten. Ein Traum für jeden Fußballer!

Auch für mich? Natürlich nahm ich das Angebot voller Stolz an und wechselte mit zwanzig Jahren für die damals höchste Ablösesumme in der Bundesliga von 4,2 Millionen DM zum FC Bayern München.

Meine fußballerischen Fähigkeiten waren, denke ich, nicht mein Problem. Vielmehr ist bei einem solch großen Verein eine starke Psyche und großes Selbstvertrauen gefragt. Mein Selbstvertrauen war aber im ersten Bayernjahr durch einen Bandscheibenvorfall, der operiert werden musste, schnell verloren gegangen, denn dadurch hatte ich nur sieben Einsätze in dieser Saison.

Meine Ängste, den Verein, die Fans und nicht zuletzt mich selbst zu enttäuschen und die Erwartungen nicht erfüllen zu können, wurden größer. Nach vierzehn Monaten Bayern München war ich am Tiefpunkt und nahm das erste Mal Antidepressiva, da ich mit dem Druck, der auf mir lastete, nicht mehr zurechtkam. Und diejenigen, die auch solche Ängste in sich tragen, wissen, dass damit die Leistung nicht erbracht werden kann, die unter anderen Voraussetzungen „normal" wäre.

An Spieltagen kam dann auf den Fahrten vom Mannschaftshotel ins Stadion die Angst vor dem Versagen und Verlieren und machte sich in Form von Angstschweiß bemerkbar. Mein Nervensystem zeigte mir meine Grenzen auf, und ich fühlte mich hilflos und schwach. Das erzähle einmal jemandem, der nicht glaubt, dass ein Profi des FC Bayern München überhaupt kein Selbstvertrauen und Selbstwertgefühl hat. Das glaubt dir kaum jemand.

Aber hinter jedem Profi steht auch ein Mensch, und der Mensch Michael Sternkopf war innerhalb eineinhalb Jahren an der Erwartungshaltung an sich selbst und dem Druck durch die Medien zerbrochen. Nie mehr, in meiner ganzen Karriere, spielte ich nochmals wie in meinem ersten Profijahr beim KSC. Meine ständigen Begleiter waren Angst vor dem Versagen, kaum ein Gefühl des Selbstwertes und die Furcht, dass mich die Menschen aufgrund eines schlechten Spiels (davon gab es auch einige) nicht mehr mögen würden oder „lieb hätten". Das lähmte mich und natürlich auch meine Leistung.

Kaum einer in meinem Umfeld konnte damals glauben, dass ich froh und dankbar war, als ich mit zweiundreißig meine Karriere aus Verletzungsgründen beenden musste. Fußball ist doch ein Traumjob!? Ist er das wirklich? Ja, ich hatte auch tolle Zeiten, aber letztendlich hat mich der Fußball einiges meiner Identität gekostet.

Hätte ich damals schon Jesus in meinem Herzen gehabt und auf ihn vertraut, hätte meine Karriere bestimmt einen anderen Verlauf genommen. Wobei das nicht heißen soll, dass ich mit dem Erreichten unzufrieden bin.

Vielmehr möchte ich euch sagen wie schön es ist, Gott im Herzen zu tragen und geliebt zu werden, wie man(n) ist. Ob erfolgreich oder nicht, ob groß oder klein, ob dick oder dünn, ob intelligent oder einfacher gestrickt, ob weiß oder schwarz, wie auch immer. Gott liebt uns, weil wir seine Kinder sind – aus keinem anderen Grund!

# KAPITEL 24

# Ein ganz normales Männerherz

Thomas Stieben

(Finalist von RTL Supertalent 2016)

Mein Freund Michael Stahl bat mich, ein paar Zeilen über mein Herz zu schreiben. Hmm … so richtig Bescheid über mein Herz weiß außer Gott niemand. Außer ihm aber am meisten wohl meine Frau.

So bin ich halt. Kann nichts dafür. Wahrscheinlich ist es mir dann doch zu wichtig, was andere von mir denken. Aber ich finde es in Ordnung. Ich repräsentiere als Christ schließlich meinen Gott, und als Vater meine Familie. Und da ich als Christ Kind eines Königs bin, gehört ein wenig Etikette wohl dazu. Allerdings bin ich dann eher Prinz Harry als Prinz William. Etwas wilder, nicht so brav.

Ich finde, dass ein gläubiger Mann keinesfalls sein Testosteron abgeben muss. Wenn deine Männlichkeit dazu da ist, andere zu erfreuen und ein Segen für deinen Nächsten zu sein, dann sei ein Mister Universum. Überrasche deinen Sohn von mir aus mit quietschenden Reifen an der Ampel oder sing wie selbstverständlich den Refrain des Lieblingssongs deiner Tochter. Gib deiner Frau einen Klaps auf den Hintern und sag ihr, wie toll sie heute aussieht. Besuche deine Mutter, nur um mit ihr das alte Fotoalbum anzusehen, und lade deinen alten Vater auf ein Bier ein, zu dem ihr den Boxkampf von Alexander Dimitrenko anschaut.

Wenn deine Männlichkeit jedoch darin besteht, so oft es nur geht zu arbeiten, um schnellstmöglich dein Haus abzuzahlen, oder während der nächsten Fahrt die ganze Zeit über andere Autofahrer zu schimpfen oder deine laute Männerstimme nur dann einzusetzen, wenn du deine Kinder anschreist oder über deinen Nachbarn oder Kollegen lästerst, dann fahre deinen Testosteronspiegel ruhig zurück, von solchen Helden hat diese Welt genug.

Ich will ein ganzer Mann sein. Und deshalb folge ich meinem Herrn, Jesus Christus! Für mich ist er das beste Beispiel: Mutig, gütig, mitfühlend und furchtlos. Witzig, nachdenklich, aber auch einer Party nicht abgeneigt. Kniend, betend und geduldig. Ruhig, sanftmütig, aber auch mal wütend, wenn es ungerecht zuging. Ich könnte diese Liste lange weiter führen ... Aber am Schluss steht noch: aufopferungsvoll und bedingungslos liebend.

Von uns – Menschen – hat er sich ans Kreuz hängen lassen, und hat uns – Menschen – doch weiter bedingungslos geliebt. Es sind viele gute Männer für die in den Tod gegangen, von denen sie geliebt wurden. Jesus ging in den Tod, obwohl wir Menschen schrien: „Kreuzigt ihn!" Obwohl wir uns von ihm abgewendet haben. Merkst du den Unterschied? Mehr Männlichkeit habe ich auf dieser Welt nicht gesehen. Und deshalb werde ich diesem Gott immer folgen, solange mein Männerherz schlägt.

Ich bin bei Weitem nicht perfekt. Falle regelmäßig auf die Nase. Kann nicht jeder Versuchung widerstehen. Könnte gastfreundlicher sein. Kann nicht immer die lieben, die mich nicht lieben. Will mehr Zeit in meine Kids investieren, doch bin ich so oft hundemüde, weil ich mal wieder zwei Wochen am Stück auf der Intensivstation arbeiten musste. Der Sonnenschirm auf der Terrasse ist immer noch nicht repariert und die Gartenhecke, die ich meiner Frau schon so lange versprochen habe, ist immer noch nicht gepflanzt.

Ziemlich offensichtlich esse ich zu viel und trinke auch schon mal mehr, wenn die Party gut ist. Ich habe fast jeden Monat ein leichtes Minus auf meinem Konto. Dafür kann meine Ehefrau zu Hause bei unseren Kindern bleiben und ihnen die Liebe schenken, die sie in den ersten Jahren so sehr brauchen.

Ich habe keine Lust auf oberflächlichen Smalltalk. Komm zur Sache, wenn du mit mir sprichst. Schenke Liebe, oder vertraue mir was an, oder sag lieber nichts. Oh Mann – und das ist nur ein Teil von meinen Männerproblemen. Und du hast sicher deine eigenen, ich weiß.

Doch bei all dem Dreck merke ich, dass der Herr mir die Kraft und Weisheit schenkt, den Alltag wie ein Mann zu tragen. Ich merke, wie sein Geist über die Jahre hinweg mein Männerherz verändert.

Mir ist es wichtig, meine Frau und meine Kinder mit Respekt und Liebe zu behandeln. Ich möchte nicht, dass in unserer Beziehung Narben entstehen, die nie wieder heilen werden. Gott lässt meinen Zorn in einem gesunden Rahmen, und das kommt nicht aus meiner eigenen Kraft, sondern aus seiner. Ich merke, dass ich mitfühlend geworden bin. Bei meiner Arbeit als Krankenpfleger auf der Intensivstation bete ich für die Sterbenden. Ich weine mit dem nächsten missbrauchten Kind in den Nachrichten. Ich leide mit, wenn einer gemobbt wurde.

Erst heute kam im OP-Saal, für den ich zuständig war, ein Kind zur Welt … und das nächste wurde abgetrieben. Ich habe darum gebeten, diese OP nicht mitmachen zu müssen, und bin meinen Kollegen dankbar für ihr Verständnis. Aber es zerreißt mein Herz und ich bete für das Kind und dessen Mutter, die diesen Verlust immer mit sich tragen wird.

Ich merke, wie Gott mein Herz verändert, und ich bin dankbar dafür. Ich lehne mich zurück und achte auf seine Wesenszüge in mir. Es tut so gut! Alleine hätte ich es nie geschafft!

Ich bin ein Mann wie jeder andere. Der vielleicht einzige Unterschied ist, dass ich Jesus in mein Herz reingelassen habe. Ich kann am Abend auf die Knie gehen und mit Gott wie mit einem Vater sprechen. Ich habe Vergebung erfahren und erfahre diese täglich. Ich kann lieben, weil *er* mich bedingungslos liebt. Und aus dieser Quelle kann ich frei leben.

Frei und wild! Ich will mit meinem Sohn Straßenmusik machen. Ich will ein Album mit meiner Musik rausbringen. Ich will meinen Eltern beim Altern zusehen und meinen Kindern beim Großwerden. Ich will von meinem Gott singen und anderen Menschen von seiner Gnade erzählen. Ich will ein Wochenende mit einem Mercedes Benz AMG mit 6,3-Liter-Motor cruisen.

Ich will am liebsten ein Pastor sein und ganz offiziell von Gott reden, ohne dabei blöd angeschaut zu werden. Ich will mit meiner Frau eine ganze Woche ganz allein Urlaub machen und die ersten zwei Tage nur im Bett verbringen, Frühstück inklusive. Ich will dem ersten Freund meiner Tochter beim ersten Kennenlernen so fest die Hand drücken, dass er weiß, dass er diesem Mädchen nie weh tun sollte, sollte er meine Tochter mal zum Altar führen.

Irgendwann will ich mal richtig schlank sein, dabei träume ich schon lange von einem riesigen Gasgrill. Will meinen Sohn zu einem Gentleman erziehen. Will ein guter Handwerker und meiner Frau ein guter Mann sein. In den USA ein Basketballspiel anschauen. Bei einem Profiboxkampf die Hymne singen. Will mit meinem Sohn, sobald es geht, „Gladiator" und „Bravehearth" anschauen ... und so vieles mehr. Jedoch einer soll bei diesen Abenteuern nie fehlen, der einzig wahre Mann, mein König, mein Gott, mein Jesus Christus.

Du merkst schon. Ein ganz normales Männerherz. Kein Blabla ... Ich habe jetzt mal ehrlich ausgepackt. Weil der Micha darum gebeten hat. „Von Männern für Männer" soll es sein, hat er gesagt. Ich hoffe du kannst damit was anfangen.

# Kapitel 25

# Ich wollte doch nur dazugehören

Wolfgang Gröber

(Innenarchitekt und Praxisplaner, Hospizbegleiter)

Du kennst das sicher, diese Freude auf ein bevorstehendes Ereignis. So ging es auch dem zehnjährigen Jungen; er freute sich auf sein erstes Fußballtraining im Verein. Es hatte ihn viel Mut gekostet, da hinzugehen. Er war stolz, dass er seine Ängste überwunden hatte, und genoss sein erstes Training im Verein. Es waren wohl mit die glücklichsten Stunden seines noch jungen Lebens.

Doch dann hatten die anderen Jungs es auf ihn abgesehen. Sie hatten ihm ein Etikett verpasst und ihm seinen Platz zugewiesen. Er war der Kleinste, der Ängstliche, der Schwächling ... der Neue. Das machte ihn zum Freiwild. Sein Magen krampfte sich zusammen.

Nach dem Training duschen ... nackt! Er spürte das Fitzen der Handtücher auf seinem Körper. Er hörte das Lachen der anderen. Er verlor seine Würde.

Er wollte doch nur dazu gehören ... Ich wollte doch nur dazugehören! Und diese Sehnsucht bestimmte einen Großteil meines Lebens.

Ich sitze in der Sonne und denke über mein Leben nach. Laut Aussage meiner Eltern: tot geboren; leblos; wieder ins Leben geholt; Nottaufe.

„Dich hätte es überhaupt nicht geben sollen." Das war lange Zeit die Aussage über meinem Leben, und das hat mich geprägt – mit Unsicherheit, mit der Sehnsucht, dazugehören zu wollen!

Eigentlich wurde mir da schon meine Würde, mein Leben abgesprochen.

Mein Weg war begleitet von Tod, Armut und Sucht. Ich war körperlich, seelisch und geistig zerbrochen. Gepeinigt von Depression und immer wieder dieser Frage: „Hab ich überhaupt das Recht zu leben?" Ich habe mir selbst mein Lebensrecht abgesprochen.

Doch heute weiß ich – in meiner Zerbrochenheit war einer, der sein uneingeschränktes „JA" über meinem Leben ausgesprochen hat. Es gibt nichts in der Welt, was einen Mann so verändert, wie wenn ein Vater sagt: „Du bist mein geliebter Sohn". Es war die größte Revolution, als mein Herz erkannte, dass ich ein geliebtes Kind Gottes bin. Mit den Worten „Du bist mein geliebter Sohn!" hat Jesus mir die Vollmacht für mein neues Menschsein gegeben.

Die wichtigsten Worte, die ich in meinem Leben gehört habe, waren, als meine Frau das erste Mal zu mir sagte: „Ich liebe dich!" Und die letzten Worte, die mein Vater mir zusprach, bevor er starb, waren: „Ich hab dich lieb!" Das waren die Schlüssel zur Heilung meiner Lebensgeschichte. Das war die Antwort zur Frage meiner Identität. Ich bekam meine Würde zurück.

Es war ein langer Weg für mich, dies zu erkennen, gekennzeichnet mit Vergebungsbereitschaft gegenüber meinen Mitmenschen und vor allem mir selbst gegenüber. Das war das Schwerste.

Es gibt vieles in meinem Leben, das ich mir anders gewünscht hätte, aber es hat mich zu der Person gemacht, die ich bin. Ich bin unendlich dankbar für die Menschen, die in meinem Herzen und an meiner Seite sind. Meine Frau, meine Familie, meine Freunde, meine Gemeinde. Ihr habt mich geprägt.

Und heute weiß ich … ich gehöre dazu.

Ja sagen zum Leben bedeutet: trotz meiner Biografie und all dem Erlebten immer wieder einen Schritt ins Leben zu wagen.

# KAPITEL 26

# Die zweite Chance

Ferdinand Mack

(Lebende Kickboxlegende – fünfmaliger Weltmeister)

In meinem Sport, Kickboxen, hatte ich bis 1987 fast alles erreicht:

- 1979 erster WM-Titel, Vollkontakt bis 69 kg, in Florida
- 1983 zweiter WM-Titel, Vollkontakt bis 71 kg, in London
- 1985 dritter WM-Titel, Vollkontakt bis 75 kg, in London
- 1987 vierter WM-Titel, Vollkontakt bis 75 kg in der Münchner Olympiahalle

Fast! Was fehlte, war der begehrte höchste Titel: der Profi-WM-Gürtel.

Bei den Amateuren ist das Ganze fair. Jederzeit kann man sich bei den festgelegten Meisterschaften qualifizieren und sein Können unter Beweis stellen. Bei den Profis dagegen läuft das Geschäft anders und oft langsamer, da gewisse Kämpfer und sogenannte Champions einem aus dem Weg gehen, Herausforderungen ablehnen und Kämpfe immer wieder verschoben werden.

Durch meinen Profi-Europameisterschafts-Titel bekam ich 1989 die erste Chance, um einen Profi-WM-Titel zu kämpfen. Der Gegner sollte kein geringerer als Don Wilson „The Dragon" sein, elffacher Weltmeister in verschiedenen Verbänden und Gewichtsklassen, allerdings nicht in meiner. Ich war Mittelgewichtler bis 75 kg und Don kämpfte vom Halbschwer- bis zum Schwergewicht.

Unser Kampf sollte im Halbschwergewicht stattfinden. Don musste einige Kilos runter und ich einige hoch. Es war nicht die Gewichtsklasse, in der ich eigentlich kämpfen wollte. Aber wann würde ich wieder die Chance bekommen, gegen so einen Kickbox-Star zu kämpfen und noch dazu um einen WM-Titel?

Der Kampf ist Geschichte. Ich verlor ihn unglücklich durch Abbruch in der neunten Runde. Und das, obwohl ich in allen Runden dominiert hatte. Zu einem Rückkampf kam es nicht.

Zwei Jahre später, also 1991, gewann ich den WM-Titel im Mittelgewicht gegen den starken US-Amerikaner Robert Harris.

Endlich am Ziel all meiner Träume – trat ich zurück.

Weitere zwei Jahre später startete ich ein Comeback. Doch auch Don Wilson war schon zurückgetreten. Was blieb, war die Erinnerung an einen tollen Kampf, der um die Welt gegangen und uns und das Kickboxen noch berühmter gemacht hatte.

Auch nach Beendigung meiner Karriere stand ich immer wieder bei Showkämpfen im Ring, weil ich es nicht sein lassen konnte, denn noch immer, bis heute, trainiere ich fast täglich.

Ich hätte sogar noch im Alter von 41 und 48 Jahren Titel gewinnen können. Doch der Traum von einem großen Comeback mit Titelkämpfen um die Weltmeisterschaft sollte ein Traum bleiben. Mit den Jahren verschlimmerte sich meine Jahrzehnte alte Arthrose an beiden Hüften. 2003 bekam ich mein erstes Hüftgelenk. Mein Gottesglaube war damals noch nicht so ausgeprägt, aber mein Wille als Kämpfer. Und nachdem ich schnell Fortschritte machte, freute ich mich auf das zweite Hüftgelenk. Ich konnte wegen der Behinderung und den Schmerzen den OP-Termin nicht mehr länger hinauszögern.

Die Genesung an beiden Hüften dauerte nur wenige Monate, und ich stand im Dezember 2009 zu meinem 50. Geburtstag noch einmal für sieben Runden im Ring. Nach dem Sieg versprach ich meiner Mama unter Tränen, es nun sein zu lassen. Es waren dieselben Tränen, die viele Jahre zuvor aus Freude aus mir herausgeflossen waren. Ich habe mich meiner Tränen niemals geschämt. Nur nach Niederlagen wollte ich keinem meine Traurigkeit zeigen.

## Die zweite Chance

Im Sommer des Jahres 2016 wurde ich gefragt, ob ich mich Don Wilson nochmals stellen möchte. Aber wie sollte das möglich sein? Don war schon 63 Jahre alt und ich 57! Sollten sich wirklich zwei Kickbox-Greise von zusammen 120 Jahren nochmals in den Ring stellen?

Der Veranstalter, Harald Neusser, richtete jedes Jahr den *Battle of Hunsrück* in Simmern aus. Und 2017 sollte das 30-jährige Jubiläum stattfinden. In diesem Rahmen sollte es zu einem Rematch nach über 28 Jahren kommen. Auch wenn es sich nur um einen Showkampf handelte, wurde mir heiß und kalt, als ich dieses Angebot annahm. Niemals hätte ich gedacht, dass Don und ich uns nochmals im Ring begegnen würden.

Da war nur ein kleines Problem: Im Oktober 2016 stand meine dritte große OP an: ein neues Kniegelenk. Ich konnte schon einige Zeit kaum noch auf einem Bein stehen. Trotzdem stand ich fast täglich auf der Matte meiner Kickbox-Schule, um meine Schüler zu unterrichten. Oktober 2016 die Knie-OP und im Juni 2017 fünf Runden gegen Don „The Dragon"?

## Das Gebet

Kurz vor der OP fragte mich meine Schülerin Nina, ob sie für mich beten dürfe. Ich war etwas überrascht. Sicher wusste ich, dass sie regelmäßig zu einer christlichen Gemeinde ging, war aber trotzdem erstaunt. Ich fand ihr Angebot sehr lieb und ließ mich überraschen.

Nina berührte mein Knie und sprach zu Gott. Ich habe es bisher niemandem erzählt, aber ich spürte Gottes Wärme und dass ich ihm vertrauen konnte.

Die OP kam und der Heilungsprozess war unglaublich. Gottes Segen und mein Wille gepaart, wer kann mich bezwingen?

Wochen vor dem Kampf besuchte ich noch die beste Kickboxerin, die ich kenne, in Berlin, „Prinzessin" Schahrsad Shahmirzadi, amtierende Profi-Weltmeisterin, Vollkontakt, der WKU (World Kickboxing and Karate Union). Mit insgesamt neun WM-Titeln ist sie eine der Besten in ihrem Sport weltweit. (Sie sollte dann später bei meinem Kampf auch in meiner Ecke stehen, zusammen mit Meistermacher Tom Schneider.)

Bei meinem Besuch in Berlin ging es um mentales Training, was Prinzessin Schahrsad hervorragend praktiziert. Wir gingen alle fünf Runden mental durch. In der dritten Runde konnte ich Don sogar kurz zu Boden bringen, half ihm aber auf.

## Das Rematch

Am 17. Juni 2017 war es so weit. Kurz vor unserem Kampf ging ich einfach zu Don hinüber in seine Kabine. Ich umarmte ihn und bedankte mich, dass er den weiten Weg aus den Staaten kam, um mit mir zu kämpfen.

Auch dieses Rematch ist Geschichte. Wir zeigten einen guten Kampf. Kondition und Kicks, gepaart mit Schnelligkeit und Wendigkeit. Vor allem zeigten wir dem jungen Publikum, was wir zwei „vom alten Schlag" noch drauf hatten. In der dritten Runde ging Don kurz in die Knie, nachdem ich ihn mit der rechten Geraden erwischt hatte. Wochen zuvor hatte ich in Berlin (wo damals auch unser erster Kampf stattgefunden hatte) beim Mentaltraining mit Prinzessin Schahrsad in die Zukunft gesehen. Don stand auf und ich entschuldigte mich bei ihm. Es ging weiter.

Nach dem Fünf-Runden-Kampf hoben wir jeweils den Arm des anderen. Sieger des Kickboxens. Und Don meinte zu mir und dem Publikum: „Now it's 1:1." Ich bedankte mich, weinend vor Freude, beim Publikum, und wir feierten bis in den Morgen.

Jeden Sonntag gehe ich nun in die Gemeinde und danke Gott, dass er der ist, der an meiner und deiner Seite kämpft.

# KAPITEL 27

# Ein Kämpferherz Gottes

Gerhard Wittig

Vor 14 Tagen bin ich nach 47 Jahren Polizeidienst in den Ruhestand versetzt worden. 47 Jahre lang war ich auf irgendeine Art und Weise aktiv mit der Kriminalitätsbekämpfung beschäftigt – entweder im Sondereinsatzkommando, als Präzisionsschützenleiter, als Hundertschaftsführer einer Spezialeinheit oder zuletzt in der Ausbildung im Einsatztraining, Sport oder Schießen. Bis zum Schluss in Action!

So verwundert es nicht, dass viele Freunde und Bekannte in Sorge sind, was ich wohl nun tun würde, woher ich wohl meine Bestätigung nähme. Keiner von ihnen beachtete dabei, dass mein Leben und somit natürlich auch mein berufliches Dasein in einen Lebensstil der Nachfolge Jesu Christi eingebettet ist. Meinen Beruf habe ich immer als dienende Leiterschaft verstanden, an dem Ort, den Gott mir zugeteilt hat.

Ich wusste immer, dass ich in all meinem Handeln zuerst Gott verantwortlich bin, und so wollte ich auch bei meiner Verabschiedung Zeugnis darüber geben. In Anwesenheit von dreihundert jungen Frauen und Männern, die gerade in ihrem Beruf beginnen, sowie verschiedener KollegInnen und Vorgesetzter, konnte ich Gott die Ehre geben, und viele Anwesenden wurden zu Tränen gerührt. In solchen Momenten, in denen die Herzen von Gottes Gegenwart ergriffen werden, können wir erahnen, welche Freude, welcher Frieden, was für eine Liebe und Sattheit uns in der Ewigkeit erwarten.

Und nun? Ja, ich bin frei vom staatlichen Auftrag der Kriminalitätsbekämpfung, einem Kampf, in dem der Feind leicht ausgemacht werden konnte. Gutes und Böses konnte per Gesetzesdefinition leicht unterschieden werden. Und im Großen und Ganzen besteht ein gesellschaftlicher Konsens, wer strafrechtlich gesehen gut oder böse ist.

Aber schon lange weiß ich, dass es da einen ganz anderen, viel gefährlicheren Kampf unter uns gibt, für den uns Gott, sofern wir ein Leben in Verantwortung vor ihm leben, ausrüstet. Dieser Feind ist mit dem Gesetzbuch meist nicht auszumachen. Aber er zeigt sein zerstörerisches Werk in den verschiedensten Bereichen unserer Gesellschaft.

Schon König David warnte vor seinem Tod sein Volk und forderte es heraus: *„Beachtet und sucht alle Gebote des Herrn, eures Gottes, damit ihr dieses gute Land besitzt und es euren Söhnen nach euch vererbt für ewig"* (1 Chr 28,8).

In immer weiteren Bereichen unserer Gesellschaft ist zu beobachten, dass Menschen ihre Aufgaben nicht mehr in der Verantwortung vor Gott und seiner Schöpfung wahrnehmen. Das Handeln dient häufig dem Eigennutz, Individualismus und der persönlichen Bereicherung um jeden Preis. Der Beruf ist oft nur noch ein Job. Rechtsbegriffe werden ausgehöhlt, die Schere zwischen Armen und Reichen geht immer weiter auseinander, wobei die Vorstellung über die Lebenswelt des jeweils anderen ans Unvorstellbare zu grenzen scheint. In den Medien befinden wir uns in einer Endlosschleife von beängstigenden Nachrichten, deren Wahrheitsgehalt unüberprüfbar scheint, und von sinnlosen oder pornographischen Inhalten, die die Langeweile vertreiben sollen.

Ja, und dann der Beschuss der kleinsten von Gott eingesetzten Einheit, der Familie. Seit 20 Jahren praktizieren meine Frau und ich Prävention in Grundschulen. Wir durften in dieser Zeit ca. 16.000 Kindern im Alter zwischen 9 und 11 Jahren begegnen und mussten die schleichende Veränderung mit ansehen:

Ein immer größer werdender Prozentsatz von Kindern ist „auffällig". Kinder, die ihre Freizeit mit den Inhalten oben beschriebener Medienangebote füllen, die seit dem ersten Schuljahr Computerspiele für Erwachsene spielen und dadurch nervös, gelangweilt und unkonzentriert sind.

Ganze Klassen, in denen Klassenkameraden über WhatsApp-Gruppen gemobbt werden – und wir sprechen hier von Drittklässlern, oder Einzelne, denen über unbekannte Kontakte pornographische Bilder geschickt werden und sie zu sexuellen Handlungen auffordern.

Dann die, die fast immer allein sind, oder die, welche versuchen die Trennung ihrer Eltern als Vorteil darzustellen. Schließlich Kinder, die der häuslichen Gewalt nicht entkommen können, weil sie ihren Kopf noch nicht unter dem Arm tragen.

Ich habe schon viele brenzlige Situationen in meiner Dienstzeit erlebt, aber diese emotionale Armut, in der viele Kinder aufwachsen, fremdbetreut – oder vielleicht auch eher „fremd aufbewahrt" – macht wütend und zutiefst traurig zugleich. Ich bekomme einen Eindruck davon, was es bedeutet, wenn Jesus über die Menschen weint.

Ist es wirklich verwunderlich, dass wir immer mehr Menschen begegnen, deren Liebe erkaltet ist? Die Menschen scheinen eine immer feindseligere Einstellung gegen unseren „dreieinigen Gott" zu entwickeln, und die Herzen werden härter. Ist ein solches Herz bereit, Nächstenliebe zu praktizieren, zwei Meilen zu gehen, obwohl man eigentlich nur eine gehen müsste? Wir brauchen Menschen in unserem Land, die nach Gottes Willen fragen und in Verantwortung ihm gegenüber ihren Lebensbereich ausfüllen. Menschen, die begreifen, dass nur der wahrhaftige Gott Herzen verändern und Wunden, die das Leben geschlagen hat, heilen kann. Der Apostel Paulus wusste von dieser Herzensveränderung und schrieb im Römerbrief:

*Denn wenn du mit dem Munde bekennst, dass Jesus der Herr ist, und in deinem Herzen glaubst, dass Gott ihn von den Toten auferweckt hat, wirst du gerettet werden. Mit dem Herzen nämlich glaubt man, auf Gerechtigkeit hin; mit dem Munde bekennt man auf Rettung hin* (Röm 10,9-10 ZUR).

Und diese Botschaft, deren Macht und Kraft in unserem Land schon einmal mehr gegolten hat, gilt es mit allem Einsatz zu leben und zu bekennen. Dazu müssen wir die Waffenrüstung Gottes anlegen und uns bewusst sein, dass wir nicht gegen Fleisch und Blut kämpfen „*... sondern gegen die Gewalten, gegen die Mächte,* *gegen die Weltherrscher dieser Finsternis, gegen die geistigen Mächte der Bosheit in der Himmelswelt"* (Eph 6,12). Dazu bedarf es einer Armee von Gläubigen, die aufstehen und bekennen, so wie es auch mein Freund und Bruder Michael Stahl immer wieder praktiziert.

Wir Christen sind eine Herzensgemeinschaft in der Nachfolge Jesu und werden in der Öffentlichkeit an dem Schwächsten unserer Gemeinschaft gemessen. Also lasst uns gegenseitig uns ermutigen und in Liebe aufrichten. Stellen wir uns der Aufgabe: Menschen von Jesus zu erzählen und die Einsichtigen im Glauben zu stärken. Unser Ziel muss es sein, viele zu erreichen und zu Vorbildern zu machen, damit viele gerettet werden.

Möge der Herr unsere Herzen erforschen und erneuern. Möge Gottes Weisheit in unsere eigene Lebensführung hineinwirken. Möge unser eigenes Leben ein Stein des Anstoßes zum Guten hin sein. Auch ich möchte mich in diesen Kampf einreihen. Und seid gewiss, hier gibt es keinen Ruhestand.

# KAPITEL 28

# Steh wieder auf!

Alexander Dimitrenko

(Ehemaliger Boxeuropameister im Schwergewicht)

Aufmerksamkeit, Anerkennung und Liebe – wer mich kennt oder zu Gast in meinen Projekten war, der hat diese drei Begriffe schon oft bei mir gehört oder, noch viel besser, erlebt.

Ich wurde am 5. Juli 1982 auf der Krim geboren. Bereits mit elf Jahren verlor ich meinen Papa. Das war hart, sehr hart! Das Leben fügt dir die härtesten Schläge zu. Das erinnert mich an Rocky, der einmal sagte: „Niemand schlägt so hart zu wie das Leben."

Er hatte Recht. Ich habe es erlebt. Ich hatte eine Menge Schmerz, Aggression und Wut in mir. Zwar wurde ich schon als Kind im Glauben erzogen, aber um ehrlich zu sein: Ich rebellierte und dachte, Kirche sei nur etwas für alte Menschen, denn die müssen ja eh bald sterben, und dann könnte es von Vorteil sein, in der Kirche gewesen zu sein. Oh ja, so dachte ich wirklich.

Je älter ich wurde, desto rebellischer. Weder meine Mutter noch mein Stiefvater, der ein guter Mann war, konnten mich halten. Ich blickte zu älteren Jugendlichen auf und verglich mich mit ihnen. Mein Selbstwert war am Boden. Mein Herz zerrissen.

Die Jugendlichen, zu denen ich aufsah, waren kein guter Umgang für mich. Sie waren in Schlägereien verwickelt und nahmen Drogen – und ich wollte irgendwie dazugehören. Es war meine Sehnsucht nach Aufmerksamkeit, nach Anerkennung und letztendlich nach Liebe.

Aus dieser unerfüllten Sehnsucht heraus wollte ich allen beweisen, was für ein cooler und harter Junge ich doch war. So machte ich mich auf, um es ihnen zu zeigen. Ich überfiel einen Mann, um der Welt zu beweisen, dass ich ein Mann war. Wie traurig! Aber das passiert unendlich oft und jeden Tag auf dieser Welt. Ich schlug ihn nieder und raubte seine Tasche aus. Der Inhalt dieser Tasche wies darauf hin, dass ich sogar einen Polizisten niedergeschlagen und ausgeraubt hatte. Mein Herz pochte. Lange Zeit lebte ich in Angst. Und ich schämte mich vor mir selbst.

Das Boxen tat mir gut. Ich verschaffte mir damit mehr Selbstvertrauen und hatte einen Ort, um meine Aggressionen loszuwerden. Mein damaliger Trainer war auch ein Stück Vaterersatz. Doch niemand wusste so recht, wie es in meinem Herzen aussah. Wahrscheinlich wusste ich das nicht einmal selbst.

Eines Tages, nachdem meine Ängste und meine inneren Schmerzen ihren Höhepunkt erreicht hatten, erinnerte ich mich an die Gebete, die man mir als Kind beigebracht hatte. In meinem Herzen fühlte ich, dass nur Gott mir helfen konnte. So kam der große Tag, an dem ich Jesus den Scherbenhaufen meines Lebens gab. Ich erhoffte von ihm all die Anerkennung, die Aufmerksamkeit und die Liebe, die mir fehlte, und wonach ich mich im tiefsten Inneren so sehr sehnte.

Ich lud Jesus in mein Herz ein. Ein tiefer Friede kam über mich und ich spürte: Mir wurde vergeben! Ich bemerkte Freiheit in meinem Herzen. Gott hatte mich nicht vergessen! Er schenkte mir Aufmerksamkeit. Nun nennt er mich „Sohn", ja, ich bin Gottes Kind! Eine größere Anerkennung und Wertschätzung kann es wohl nicht geben, und das Ganze aus einer unendlichen Liebe heraus.

So spürte ich fortan Gottes Gegenwart in meinem Leben. Seine schützende Hand war und ist über mir. Ich wurde Juniorenweltmeister und sogar Europameister im Schwergewicht. Kämpfte in großen Hallen, live im ZDF. Ich hatte eine Menge erreicht, und doch ein noch größeres Ziel: Ich wollte Weltmeister werden. Leider warf mich eine schwere Niederlage einen Tag vor meinem 27. Geburtstag sehr zurück. Verlieren, das kannte ich bis dahin nicht.

Für den Tag danach hatte ich eine kleine Geburtstagsfeier geplant. Doch viele, sehr viele blieben fern. Ich glaube, das hat mich genauso verletzt wie die Niederlage gegen Eddie Chambers, vielleicht sogar noch mehr.

Danach musste ich schwere gesundheitliche Probleme überwinden. Die „Boxwelt" schrieb mich ab. Aber tief in meinem Herzen spürte ich noch ein Feuer und dass Gott noch einiges mit mir vorhatte.

Ich hielt an meinem Traum fest: Noch einmal zurück in den Ring! Nur wenige Menschen standen mir in diesen schweren Jahren zur Seite. An dieser Stelle „Danke!" an meine geliebte Frau Vanja. Es war bestimmt nicht immer einfach mit mir. Doch wie sagte einmal John Wayne: „Ein Mann muss tun, was ein Mann tun muss!" Oft ist es schwer für eine Frau nachzuvollziehen, was in einem Männerherzen vor sich geht. Aber ich denke, andersherum ist es genauso.

Im Frühjahr 2017 sollte ich in Schweden gegen Adrian Granat kämpfen. Man sprach mir nicht einmal Außenseiterchancen zu. Es gab Momente, wo ich ganz allein trainierte. Einmal bat ich sogar die Putzfrau des Sportstudios, mir meine Handschuhe anzuziehen.

*Wie weit ist es gekommen?*, fragte ich mich. Ich war ganz oben in den Ranglisten gewesen, auf dem Sprung, Weltmeister zu werden, und nun zog die Putzfrau mir die Handschuhe an. Ich ging ins Gebet. Ja, ich weinte auch manches Mal. Es ist keine Schwäche, zu seinen Tränen zu stehen. Es ist Stärke. Selbst Jesus weinte! Ich flehte Gott um Hilfe an. Und was soll ich sagen? Gott griff wieder einmal in mein Leben ein. Ich glaube, er macht das ständig! Nur oft bemerken wir es nicht!

So stand ich dann am 18. März 2017 in Malmö als sogenannter „Außenseiter" Adrian Granat gegenüber. Doch ich war nicht allein; Gott war an meiner Seite. Ich wusste, dass ich diesen Kampf gewinnen würde, auch wenn die Welt es anders sah. Meine Hoffnung, mein Glaube und meine Überzeugung wurden sehr schnell bestätigt – K. o. in der ersten Runde! Meine Freude kannte keine Grenzen!

Gib nicht auf! Und steh wieder auf! Es ist keine Schande zu verlieren, aber steh wieder auf! Gott wird dir, ja uns allen, die Kraft dazu geben. (Während diese Zeilen entstehen, bereite ich mich im Trainingslager in Kroatien auf einen großen Kampf in den USA vor.)

Denen, die Gott lieben, dienen alle Dinge zum Besten (siehe Römer 8,28). Heute weiß ich, dass dieser Bibelvers die Wahrheit ist. Ich musste so manche Niederlage, auch im Leben, einstecken und hatte oft schwere Kämpfe. Doch ich werde weitergehen, meinem Traum entgegen, dem Ziel, Weltmeister zu werden.

Vor vielen Jahren vereinbarte ich mit Michael, dass ich Weltmeister werden und dann im Moment des größten Triumpfes Jesus die Ehre geben würde. Aber ob WM-Titel oder nicht: Meine Anerkennung, meine Aufmerksamkeit und meine Liebe gebühren Gott!

Neben dem Boxen darf ich als Sportlicher Leiter von *International Protactics Federation e. V.* diese Werte in die Welt tragen. In Projekten in Gemeinden, Schulen, Firmen usw. lege ich Zeugnis über Gottes Liebe ab. Manchmal habe ich das Gefühl, dass mit zunehmender Zeit die Welt kälter und egoistischer wird. Das bedeutet aber auch, dass die Sehnsucht nach Aufmerksamkeit, Anerkennung und Liebe täglich größer wird.

Meine Freunde, mein Team und ich möchten diese Sehnsucht ein Stück weit stillen und die Welt – wenigstens ein bisschen – zu einem besseren Ort machen. Ich denke, dass wir nicht nur Lehrer brauchen, die uns Rechnen, Lesen und Schreiben beibringen, sondern auch solche, die uns zeigen, wie man mit Niederlagen umgeht oder wie man eine Frau ehrt.

Was immer auch kommt:

- Halte an Gott fest! Verharre nicht in Trauer, Bitterkeit oder Verzweiflung! Steh wieder auf!

- Lade Gott in dein Herz ein! Erlebe, was ich erleben durfte und jeden Tag darf!

- Gott sieht dich – er schenkt dir seine ganze Aufmerksamkeit.

- Gott ehrt dich – er macht dich zu einem Königskind.

- Gott liebt dich – so sehr, dass Jesus am Kreuz für dich ganz persönlich starb!

Diese unendliche Anerkennung, diese grenzenlose Aufmerksamkeit und diese unvergleichliche, wunderbare Liebe möchte ich in diese Welt tragen, mitten in die Herzen der Menschen – vielleicht sogar ganz persönlich in dein Herz.

# Kapitel 29

# Fristverlängerung

Ruedi Josuran

(TV-Moderator im Schweizer Fernsehen)

Es war ein Tag wie viele andere. Aber nur meteorologisch. Ein Sommertag wie aus der Urlaubswerbung. Ich verabschiedete mich von meiner Frau. Nach wochenlangem Hoffen und Bangen hatte sie endlich einen Ort gefunden, um ihre Erschöpfung auszukurieren. Mein Terminplan war gut gefüllt – für die meisten Männer mehr als ein Statussymbol! Auch ein Therapeutikum gegen das Gefühl der Nutzlosigkeit und Leere. Als Gast war ich zu einer Fachtagung eingeladen.

Was einige Stunden später geschah, war weder in meiner Lebensplanung noch in meiner Phantasie oder Traumwelt vorgesehen. Ich war bei einem Getränkehändler und hatte mir nur eine Flasche Wasser kaufen wollen.

Plötzlich wurde mir übel und ein Schmerz, der mir in dieser Art und Weise nie zuvor begegnet war, überwältigte mich. Ein unsägliches Brennen, schweißnasse Hände, die sich im verzweifelten Ringen um ein wenig Luft fahrig auf den Brustkorb pressten. Und Todesangst! Dann wurde es dunkel. Plötzlich lag ich auf dem Boden. Ich hatte die Orientierung verloren.

Als ich wieder klar denken konnte und das Atmen leichter fiel, hörte ich die Notfall-Ambulanz. Kein Film, keine Dokumentation – das Drehbuch des Lebens hatte eine unerwartete Seite geschrieben. Ich hörte die Diagnose des Arztes: Herzinfarkt! Dann Blaulicht, Sirene … das volle Programm.

Innerhalb von Minuten wurde ich mit meiner körperlichen Begrenztheit, Verletzlichkeit und Endlichkeit konfrontiert. Und gleichzeitig war da ein tiefer Friede, der mich umarmte und eine leise innere Stimme: „Egal wie es ausgeht, es kommt gut!"

Schon war ich in der Notaufnahme des Spitals. Per Bildschirm konnte ich live in mein Herz schauen. Ich hatte ja wirklich eines – erster kleinerer Moment der Heiterkeit. Die Herzkatheter-Untersuchung stand an.

Die verstopften Herzkranzgefäße mussten wieder durchgängig gemacht werden. Über eine Einstichstelle in der Leistengegend oder der Ellenbeuge sollte ein sehr dünner Plastikschlauch durch eine Schlagader in Richtung Herz eingeführt werden. Ich war örtlich betäubt. Der Schlauch wurde bis in die Herzkranzgefäße geschoben. Dann ging alles ganz schnell, die Verlegung in die Intensiv-Station, besorgte Blicke meiner inzwischen eingetroffenen Kinder, Fragen nach meiner Frau und überhaupt ... nur Fragen.

Da hatte ich doch einmal gelesen:

Ein Mensch, der zu einem Infarkt neigt, hat Charakterzüge, die in der Herzmedizin als „A-Typ" bezeichnet werden. Er steht ständig unter Leistungsdruck und braucht verstärkt Anerkennung von außen. Vor Kritik und Misserfolg hat er große Angst.

Er tut oft viele Dinge gleichzeitig und will in möglichst jedem Lebensbereich die totale Kontrolle. Die Grundstimmung ist häufig gereizt und Entspannung kennt er nicht. Das Leben ist ein ununterbrochener Wettkampf, in dem auch ein Sieg keine wirkliche Entlastung bringt, sondern nur Ansporn, mehr in noch kürzerer Zeit zu erreichen. Sein eigentliches Ziel bleibt unklar und im Endeffekt ist er trotz aller Erfolge mit sich und der Welt unzufrieden.

Der ruhelose Arbeitseinsatz des Infarktkandidaten spiegelt sich körperlich in der Höchstleistung, die sein Herz zu erbringen hat. Schließlich verstopft der Infarkt alles und es geht nichts mehr hinein oder hinaus.[1]

---

[1] Aus: Ruediger Dahlke, *Herz(ens)-Probleme*, Droemer Knaur 2006.

War ich schuld? Warum? Warum jetzt? Wie geht's weiter? Geht es überhaupt weiter?

Ich starrte stundenlang an die Decke. Ein Tsunami von Gefühlen überflutete mich. Die jahrelang abwesenden Depressionen waren wieder da. Der Tag, der mit so viel Sonne angefangen hatte, endete mit dunklen Wolken.

Drei Tage später dann eine Schlagzeile im BLICK, der größten Schweizer Tageszeitung: „Herzinfarkt: Radio-Mann Ruedi Josuran knapp am Tod vorbei!" Für eine öffentliche Person gehört auch das dazu. Ich fühlte mich noch verletzlicher als zuvor.

Jetzt galt es all die offenen Fragen auszuhalten, es auch mit mir auszuhalten und immer wiederkehrende Gedankengänge nicht zu verdrängen, sondern sie zu Ende zu denken. Immer wieder bilanzierte ich meinen bisherigen Lebensweg. Durch alle Kritik war da auch immer wieder eine Spur der Dankbarkeit Gott gegenüber.

Meine Spielzeit war noch nicht zu Ende. Es ging in eine Verlängerung. Ob mit oder ohne Penaltyschießen. So wie es Herbert Grönemeyer besingt: „Ich geh hier nicht weg. Hab meine Frist verlängert!"

Inzwischen sind einige Jahre vergangen. Ich habe immer mehr das biblische Paradox in mein Leben integriert: dass wir ausgerechnet dort, wo wir schwach sind, wo wir uns nicht in der Hand haben, für Gott am offensten sind. Gerade in der Schwäche sind wir frei von der Versuchung, Gott aus eigener Kraft erreichen zu wollen. Besonders angesprochen hat mich das Gleichnis vom Schatz im Acker (Mt 13,44 ff.); in der Erde, im Schmutz finden wir den Schatz. Die Perle wächst in der Wunde der Muschel. Wir finden den Schatz in uns nur, wenn wir mit unseren Wunden und Grenzen in Berührung kommen.

Es sind neue, tiefe Freundschaften entstanden. Mit Gott, mit anderen Männern, mit mir selbst. Inspiriert hat mich auch das Modell der Patientenkompetenz von Arzt und Professor Gerd Nagel. Er sagt:

Eine Krise ist ein Bruch in der Kontinuität und Normalität unseres Lebensverlaufs. Das passiert häufig und unerwartet, etwa beim Auftreten einer Krankheit. Lebensentwürfe werden in Frage gestellt, analysiert und im besten Fall neu gestaltet.

Darin liegt auch die Chance, den bisherigen Lebensentwurf zu korrigieren und neue Verhaltensmuster, Ideen und Vorstellungen einzuarbeiten.

Aus Krisen entsteht die neue Normalität des Lebens. Solche Ereignisse gehören zu unserem Leben. Sie sind schmerzhaft, konfrontieren uns mit unserer Endlichkeit und Begrenztheit. Sie führen uns oft aber auch zu unseren Ursprüngen, zur wahren Identität und zu Gott.[2]

Fragen wie die folgenden haben mich angeregt und auf eine neue männliche Entdeckungsreise geschickt:

- Bin ich, wer ich bin, oder bin ich, wie ich sein möchte (also mein Wunschbild, mein Ideal)?
- Bin ich, wie mich die anderen gerne haben möchten (angepasst und fremdbestimmt)?
- Bin ich, was ich leiste und tue?
- Bin ich, was ich habe?
- Bin ich, was andere über mich sagen?

Für mich steht fest: Unsere Identität müssen wir nicht erst suchen oder sie uns mit Leistungsnachweisen und einem dicken Portfolio verdienen. Sie wird uns zugesprochen, geschenkt. Der biblische Gott ist kein religiöser Gott. Er will Beziehung zu uns.

Ich bin wertvoll, weil ich bin. Gott nimmt mich in Jesus bedingungslos an. Jenseits aller Kosten-Nutzen-Überlegungen. Ich darf sein und leben.

---

[2] Aus: Annette Bopp, Delia Nagel, Gerd Nagel, *Was kann ich selbst für mich tun?: Patientenkompetenz in der modernen Medizin*, Rüffer & Rub 2005.

# KAPITEL 30

# *Das* Herz und *mein* Herz

Manni Hohmann

Vor einiger Zeit beschäftigte mich hauptsächlich das *Organ* Herz. 1996 musste ich ins Herzzentrum Duisburg-Meiderich. Mein Hausarzt meinte: „Rein vorsorglich!", denn er stellte eine Unregelmäßigkeit bei meinem EKG fest, und aufgrund seiner ärztlichen Verantwortung wollte er den Befund durch eine Herzkatheteruntersuchung abklären lassen.

Ich hatte eigentlich nie Herzprobleme gehabt, und das, obwohl ich wie ein Schlot rauchte, keinen Sport machte und im Job Stress ohne Ende hatte. Ich war zu der Zeit Vertriebsprokurist eines mittelständischen Softwareunternehmens und fühlte mich für fast alles verantwortlich. Meinem Herzen ging es aus meiner Sicht gut, und ich konnte gar nicht begreifen, warum jetzt so eine Untersuchung gemacht werden sollte.

Es kam der 17. Dezember 1996. Einen Tag vorher verabschiedete ich mich von meinen Kollegen mit den Worten: „Werde mittags wieder im Büro sein und natürlich an der angesetzten Besprechung um 15 Uhr teilnehmen." Meine Untersuchung war schon um halb neun, also kein Problem für mich, pünktlich zu sein.

Für mich nicht, aber für mein Herz! Ich nahm zirka drei Monate an keiner Besprechung mehr teil. Was war passiert?

Am Ende der Herzkatheteruntersuchung wurde der Draht wieder herausgezogen, der durch die Leiste in die Hauptschlagader eingeführt und von dort ins Herz geschoben worden war, um Aufnahmen direkt vom Herzen und den Gefäßen zu machen.

Beim Herausziehen wurde meine Hauptschlagader in der Leiste so stark verletzt, dass ich sah, wie mein Blut an die Decke spritzte.

Das Ärzteteam handelte sofort, kam aber aus meiner Sicht ein wenig in Panik. Man fuhr mich auf einer Trage durchs Krankenhaus direkt zum OP. Abwechselnd drückten zwei Ärzte meine Hauptschlagader ab. Vor dem Operationssaal wartete eine Anästhesistin, die mir in dem ganzen Chaos mitteilte, dass ich eine Einverständniserklärung unterschreiben sollte, damit man mich am Herz und an der Hauptschlagader operieren könne. Die Operation am Herzen lehnte ich ab, denn mir war bis zu diesem Zeitpunkt nicht klar, dass ich dort ein Problem hatte.

Nach der OP kam meine Frau mit dem Oberarzt zu mir auf die Intensivstation und sie versuchten mir zu erklären, dass ich am Herz operiert werden müsse und Heiligabend sicherlich nicht zu Hause wäre. Eine Entlassung kam nicht in Frage, da der Hauptstamm meines Herzens fast komplett verschlossen war und ich einen Herzinfarkt nicht überleben würde. Das haute rein und ich war völlig fertig!

Nachdem ich dann alleine war, heulte ich wie ein Schlosshund und war sauer auf Gott und die Welt. Ich spürte plötzlich, dass es auch eine seelische, emotionale Seite des Herzens gibt, die bei mir entweder unterbelichtet oder verdrängt worden war. Ich hatte gar keine Zeit gehabt, mich damit zu beschäftigen, denn ich war ja wichtig und musste Leistung bringen. Ich musste mich ja beweisen oder wollte mich positiv präsentieren.

Durch Gespräche mit echten Freunden war mir schon klar, dass ich mich über meine Arbeit, meine Aktivitäten und Leistungen definierte. Ich kam nie richtig zur Ruhe, konnte nicht Nein sagen, denn ich wollte mich profilieren und den Menschen gefallen. Für meine Ehefrau und meine drei Kinder hatte ich kaum Zeit.

Ich muss zugeben, dass ich wirkliche Angst vor der OP hatte, denn die Funktionen des Herzens werden dabei von einer Herz-Lungen-Maschine übernommen, die während der OP das Blut durch den Körper pumpt, damit das Gehirn und andere Organe mit Blut und Sauerstoff versorgt werden. Das Herz schlägt während der OP nicht. Würde mein Herz wieder anspringen?

Dieser Gedanke beschäftigte mich Tag und Nacht, und ich konnte nicht abschalten. Ich hatte echte Todesangst!

Einen Tag vor der OP am 21. Dezember 1996 rief mich ein guter Freund an, der mit mir am Telefon betete. Nach dem Gebet kam ein starker Frieden und eine innere Ruhe über mich, die ich noch nie in meinem Leben so erlebt hatte. Dann vernahm ich eine innere Stimme, die zu mir Folgendes sagte: „Manni, ich bringe dich durch die OP und du musst auch nichts dafür leisten!"

Danach lief in Sekunden mein Lebensfilm vor mir ab, der mir zeigte, dass ich schon als Kind unter Leistungsdruck gewesen war und auch als Christ Gott durch Leistung hatte beweisen wollen, dass ich ihn liebe.

Gott hat sein Versprechen gehalten. 22 Jahre später lebe ich immer noch, und mir geht es gut! In dieser Zeit ist sehr viel passiert, sieben Jahre an der Dialyse, schwerer Autounfall, plötzlicher Tod meiner Frau nach 45 Ehejahren – aber Gott hat mich nie im Stich gelassen!

Ich durfte erfahren, dass ich bei Gott (und den Menschen) nicht mit Leistungen punkten muss, sondern dass ich angenommen bin und an seiner Hand ein wirklich erlebnisreiches Leben führen darf.

# KAPITEL 31

# Auf der Suche nach Glück

Christian Mauersberger

(Ehemaliger Fußballprofi)

Ein letzter Blick ins Portmonee, Budget-Check, Ausweis-Check, VIP-Karten-Check. Also dann: auf einen weiteren erfolgreichen Abend!

Ich laufe an der Security vorbei, zeige meine VIP-Karte, schaue mich kurz um und laufe zielstrebig zu meinem Stammplatz, der mir all die letzten Wochen Glück gebracht hat. Ich zahle die ersten grünen Scheine ein und verschaffe mir einen Überblick über die Zahlen und Farben der letzten Spielrunden. Dann streiche ich langsam mit dem Finger über den Touchscreen und platziere die ersten Einsätze.

Nach der kurzen Ansage „Rien ne va plus! Nichts geht mehr!" dürfen keine Einsätze mehr getätigt werden und die Kugel fällt in den Roulettekessel. Gespannt wandert mein Blick auf die kleine weiße Murmel, die ich für die nächsten Sekunden nicht aus den Augen lasse. Für ein paar kurze Augenblicke schlägt mein Herz schneller und ich spüre das Adrenalin in meinem Körper. Die Kugel kreist, wird langsamer, beginnt leicht im Kessel zu tanzen und fällt in die rote 27. Ich schaue kurz aufs Tableau und spüre, wie in mir die Glückshormone freigesetzt werden, während der erste Gewinn auf mein Spielkonto wandert.

## 30 Minuten später ...

Ich überfliege kurz mein Guthaben und verteile die nächsten Chips auf dem Spielfeld. *Ach nein!* Schnell ziehe ich meine Einsätze zurück. *Mein Tagesziel ist ja schon erreicht!* Und das in nicht einmal einer halben Stunde. Ich lehne mich entspannt zurück und staune über dieses einfache Spielsystem. So leicht bin ich selten an Geld gekommen! Einfach im Internet verschiedene Spielvarianten vergleichen, ein paar Statistiken studieren und dann nur noch von der Theorie in die Praxis umsetzen. Schon hat man einen guten Nebenverdienst.

*Wieso nur lassen all die anderen so eine einfache Chance liegen? Na ja, egal. Jetzt nur noch den Gewinn auszahlen und dann ab nach Hause. – Aber Moment mal, warum soll ich jetzt eigentlich aufhören? Es läuft ja gerade alles super, und anscheinend habe ich heute eine besondere Glückssträhne. Wieso also den Gewinn nicht einfach nochmal verdoppeln?*

## 3 Stunden später ...

Ich stehe vor dem Roulettekessel. Mein Herz rast. Meine Hände zittern. Meine Augen sind geschlossen. Das klirrende Geräusch, wenn die Kugel fällt, habe ich bereits tausende Male gehört.

Die Kugel liegt. 10, schwarz ... Ich schlage mit der Faust auf den Touchscreen. Die Blicke der anderen Spieler treffen mich. Aber das ist mir egal, denn es kam schon wieder die falsche Farbe. *Soviel Pech kann man doch gar nicht haben! Dabei hat der Abend so gut angefangen! Nun bin ich schon wieder bei null!* Doch wie oft ich schon bei der Bank war um Geld abzuheben weiß ich schon gar nicht mehr. Ich weiß nur eins, so kann ich garantiert nicht aufhören!

Ich werfe meine Strategie über den Haufen und verliere die Kontrolle über das Spiel, über mich selbst. Ich denke nur noch über den Verlust nach und wie ich am Schnellsten wieder ins Plus komme.

## Irgendwann später ...

Völlig geschockt laufe ich aus der Bank. Wieso kam da gerade kein Geld mehr raus? Ist die Karte oder der Automat kaputt? Ich schmeiße die Karte auf den Boden und beschimpfe sie. Das kann es doch jetzt nicht gewesen sein? Wo ist das Casino? Wo ist das Geld? Gedankenverwirrt und orientierungslos irre ich durch die Gegend, bis ich nicht mehr laufen kann. Ich setze mich einfach auf den Bordstein und starre auf die Straße.

So langsam fange ich an zu realisieren, was passiert ist. In nur fünf Stunden habe ich mein gesamtes Konto leergeräumt. Dabei hat es sich angefühlt, als wären es mehrere Tage gewesen. Ich war wieder einmal in einer völlig anderen Welt gewesen. All der Frust, all die Wut, all die Enttäuschung haben sich in komplette Leere verwandelt.

Dies ist nur eine kurze Episode aus meinem vergangenen Fußballeralltag, in dem ich viel zu selten mein Herz bewahrte und sehr häufig zu schwach war, um auch mal Nein zu sagen. Doch war dieser Abend ein weiterer schwerer Ziegelstein, der als Last in meinem Rucksack landete. Ein weiteres Gewicht, das mich noch weiter nach unten zog. Und jeder dieser Steine riss die Wunde in meinem Herzen tiefer.

Ich hatte viele Dinge gemacht, von denen ich wusste, dass sie mir nicht guttun, und vor allem, dass sie falsch waren. Doch ich hatte sie einfach in eine Schublade gesteckt und weggeschlossen – mit niemandem darüber geredet, weil ich mich unendlich schämte. Weder mit meiner Familie noch mit meinen Freunden und auch nicht mit Gott.

Ja, ich kannte Gott schon, was es umso schwerer machte, denn er war der Einzige, der in mein Herz schauen konnte. Vor Gott war meine Scham am größten. Ich konnte mir selbst einfach nie verzeihen. Viele Jahre habe ich meine Familie, mein Umfeld, mich selbst, aber vor allem Gott belogen. Somit wurde mein Rucksack immer schwerer. Doch wer redet schon gern über seine Verfehlungen, über Dinge, wofür man sich schämt? *Ich bin ein Mann, ein Fußballer! Da darf man keine Schwäche zeigen!* – dachte ich jedenfalls. Bis ich darin den Schlüssel zu meinem neuen Leben fand.

Gott hat mir gezeigt, dass für ihn keine Sünde zu groß und kein Ziegelstein zu schwer ist, denn er hat seinen einzigen Sohn, Jesus Christus, auf unsere Welt gesandt, damit er uns errettet und uns von allen Sünden befreit. Denn *„... wie sehr Gott uns liebt, beweist er uns damit, dass Christus für uns starb, als wir noch Sünder waren"* (Röm 5,8 GNB).

Jesus nahm all unsere Sünden auf sich, er starb für uns am Kreuz. Und ich habe kapiert: Nur er allein ist der Weg, die Wahrheit und das Leben. Ich habe mich vor Gott gebeugt, habe jede Schublade geöffnet und laut ausgesprochen, was darin lag. Ich habe auch mal Schwäche gezeigt. Doch Gott sagt: *„Du brauchst nicht mehr als meine Gnade. Je schwächer du bist, desto stärker erweist sich an dir meine Kraft"* (2 Kor 12,9 GNB). Ich war schwach, doch Gott hat mich stark gemacht.

Ich bin Gott unendlich dankbar, dass er meinen Rucksack geleert und mein Herz frei gemacht hat. Er hat mir die Augen geöffnet und mein Leben verändert, denn viele Jahre war Fußball meine oberste Priorität gewesen. Mein Hobby sowie meine Leidenschaft waren plötzlich zu meinem Beruf, ja sogar zu meiner Identität geworden. Doch nun weiß ich, dass keine Medaille, kein Pokal, kein Titel, kein Tor vor mehreren Tausend Zuschauern und auch nicht der Moment, als ich mit Stolz die Nationalhymne singen und mit dem Adler auf der Brust für Deutschland spielen durfte, mich ansatzweise so erfüllen konnte wie die Liebe Gottes. Um ihm zu gefallen, muss ich kein Fußballprofi sein, kein teures Auto fahren oder viel Geld verdienen.

*Aber seit ich Christus kenne, ist für mich alles wertlos, was ich früher für so wichtig gehalten habe* (Phil 3,7 HFA).

Ich habe mich entschieden, mein Leben dem Wort Gottes anzupassen, und Jesus mit allem, was ich habe, nachzufolgen.

# TEIL 3

# Ein Herz zum Verschenken

von Dr. Klaus Hettmer

# Ein Wort zuvor

Während ich diese Zeilen schreibe, spiegelt sich mein Gesicht im Display meines *Mac Books* wieder und ich werde von einem attraktiven, kurzrasierten Typen mit cooler Sonnenbrille angesehen. Leger eine Zigarre in der Hand und am Whisky nippend, sitze ich auf dem Balkon meines schönen Einfamilienhauses. Mein toller Sohn zeichnet im Kinderzimmer am Computer und meine wunderschöne Ehefrau verdient gutes Geld bei ihrer Arbeit.

Anfang fünfzig, sportlich-schlank, erfolgreich als Arzt und Psychotherapeut, beliebt und angesehen. Ich habe es geschafft! Alles, wovon ein Mann in der Lebensmitte träumt und worauf er stolz ist, habe ich erreicht!

*Wirklich?*, frage ich mich tief in meinem **Herzen**. *Macht mich das glücklicher? Habe ich deswegen Frieden, Liebe und Ruhe in meinem* **Herzen?** Irgendwie war dies dennoch nie dauerhaft der Fall!

Während ich diese Zeilen schreibe, habe ich auch eine notfallmäßige Gallenblasen-Operation hinter mir und eine schwere Herzoperation vor mir, in welcher mir der Brustkorb aufgesägt, das **Herz** freigelegt und für Stunden angehalten wird, um die defekte Herzklappe zu reparieren.

*Wieso ich? Wieso jetzt? Warum überhaupt? Wo ist Gott bei alledem?*, frage ich mich, und nicht das erste Mal laufen mir Tränen der Trauer und Angst über die Wangen und ich fühle mich total zerbrechlich und hilflos.

Als ich vor mehr als drei Monaten erfuhr, dass Michael einen Herzinfarkt erlitt, war ich zutiefst geschockt. *Was? Wieso er? Wieso das? Er ist doch noch jung, sportlich, glücklich – ein guter Mensch mit einem großen* **Herzen** *für andere. Er geht mit GOTT, und nun das?*

Ich verstand die Welt nicht mehr, betete für ihn, bangte um ihn und hoffte mit ihm, nicht ahnend, dass das „Schicksal" uns noch einmal auf tiefere Weise miteinander verbinden würde.

Ich, Dr. med. Klaus Hettmer, in zweiter Ehe verheiratet, Arzt und Psychotherapeut, Vater und Sohn. Ja, ich, wer bin ich denn eigentlich und weshalb bin ich hier?

Ich muss dir gestehen, lieber Leser, dass ich mich auch manchmal mit dem Gedanken trug, mich nicht operieren zu lassen und einen stilvollen Abgang zu inszenieren – doch könnte ich das meiner Familie antun?

Schließlich überwog, Gott sei Dank, der Lebenswille und das Vertrauen in meinen Schöpfer, dass *er* trotz allem einen Plan hat und ich meinen Lauf vollenden kann, so wie *er* es vorgesehen hat.

Mittlerweile ist es drei Tage her, dass mich Michael anrief und von seiner Idee eines gemeinsamen Buches über Männerherzen erzählte und neben den bekannten Selbstzweifeln – Wer bin ich schon? Was kann ich der Welt schon Wichtiges mitteilen? – empfand ich Ehre und Dankbarkeit in meinem **Herzen,** dir, lieber Leser, mein **Herz** zu öffnen, damit du vielleicht getröstet, aufgebaut und ermutigt wirst, auf dein **Herz** zu hören und auf dessen **Herz,** der das seine für uns alle hingegeben und weit geöffnet hat:

Jesus Christus!

So hoffe und bete ich, dass unsere Zeilen, in denen wir dich ein wenig in unser **Herz** sehen lassen, dir helfen, um auch in deinem **Herzen** wieder Liebe und Sehnsucht zu entdecken und die Schönheit des Lebens zu erfahren. Damit du den Mut findest, dir ein **Herz** zu fassen und es für dich und deinen Nächsten zu öffnen und du neue Hoffnung im **Herzen** schöpfen kannst!

„Man sieht nur mit dem Herzen gut, das Wesentliche ist für die Augen unsichtbar" (Antoine de Saint-Exupéry in *Der kleine Prinz*).

*Mehr als alles behüte dein Herz, denn von ihm geht das Leben aus* (Sprüche 4,23).

# KAPITEL 32

# Das menschliche Herz – nur eine Pumpe?

Als Medizinstudent musste ich das menschliche Herz eingehend studieren: den Aufbau, den Blutfluss, die Herzklappen und Herzkranzgefäße, sowie mich mit den Krankheiten des Herzens befassen.

Das wichtige Organ in unserer Mitte ist ein muskuläres Hohlorgan, welches das lebensnotwendige Blut und damit Sauerstoff in alle anderen Organe und Zellen des Körpers transportiert. Gerade einmal so groß wie die eigene Faust, leistet es ein Leben lang Unglaubliches!

Der arabische Arzt Ibn an-Nafis (1213 -1288) war der erste, der das Herz anatomisch richtig beschrieb. Der englische Arzt William Harvey (1578 -1657) zeigte, dass die Kontraktionen des Herzens den Fluss des Blutes durch den Kreislauf antreiben:

> Das Herz der Lebewesen ist der Grundstock ihres Lebens, der Fürst ihrer aller, der kleinen Welt Sonne, von der alles Leben abhängt, alle Frische und Kraft ausgeht.[1]

Das Herz ist in der Embryonalentwicklung eines der ersten Organe, das im Mutterleib angelegt wird, noch vor dem Gehirn, und das auch unabhängig von diesem zu schlagen beginnt. Wer „zündet" diesen ersten Herzschlag, wer hält diesen Motor lebenslang am Laufen?

Bereits in der dritten Schwangerschaftswoche ist der Blutkreislauf das erste funktionsfähige Organsystem. Und der Herzschlag ist ab der sechsten Schwangerschaftswoche mittels Ultraschall sichtbar.

---

[1] William Harvey.

Das Herz ist Zentrum unseres Körpers und Lebens, auch Sitz der Gefühle und Herzenshaltungen.

Naturwissenschaftler haben aufgehört, psychologische Vermutungen zu bekämpfen, denn was die Muskelpumpe des Lebens antreibt, können sie bis heute nicht erklären. Was bringt die Schrittmacherzelle dazu, sich siebzigmal pro Minute zusammenzuziehen? Worin besteht jene geheimnisvolle Kraft, die offenbar nur wenige Zellen besitzen?

Das Herz ist vom Gehirn unabhängig, aber von diesem beeinflussbar. Obwohl nur faustgroß, pumpt es täglich bis zu 8000 Liter Blut durch den Körper, schlägt 100.000 mal am Tag – das sind in 70 Jahren über 2,5 Milliarden Mal!

30 Billionen rote Blutkörperchen tragen den lebensnotwendigen Sauerstoff zu allen Zellen des Körpers, durch über 96.000 Kilometer Adern, Gefäße und Kapillaren. In jeder Sekunde bildet das Knochenmark 2 Millionen neue rote Blutkörperchen, die den Sauerstoff auf ihrer Reise durch den Körper binden, eine Routenlänge die zweimal um die Welt führen würde ... ein Leben lang.

Rein biologisch erregt der Sinusknoten im rechten Vorhof die Herzmuskulatur (die sich in die Kammern ausbreitet und die Kontraktion ermöglicht) unabhängig vom Gehirn. Das sympathische Nervensystem (Aktivität) beschleunigt das Herz, das parasympathische Nervensystem (Ruhe) verlangsamt es.

Bei angenehmen oder unangenehmen Situationen kann man sein Herz klopfen spüren, dann wirken beide Nervensysteme zusammen. Die Funktionsweise des Herzens hängt also auch von unserer psychischen Verfassung, von Gefühlen, Ängsten und Freuden ab. So spürt theoretisch jedes Blutkörperchen, ob ein Mensch sich in einer außergewöhnlichen Verfassung befindet!

Die Ägypter glaubten, dass sich im Laufe des Lebens im Herzen die Sünden sammeln. Die Chinesen betrachteten es als Sitz des Intellekts. Aristoteles sah im Herzen die unsterbliche Seele und auch Im Volksglauben ist das Herz Sitz der Seele und der Liebe. Inzwischen kennen auch Mediziner das Syndrom des gebrochenen Herzens mit den Symptomen eines Infarktes, jedoch ohne Gefäßbeteiligung, sondern durch Stress verursacht!

Das menschliche Herz – so stabil und doch so zerbrechlich!

Kann das Herz gebrochen werden? Kann man es verlieren? Kann es einem aufgehen, vor Glück springen? Wie ist es, wenn man sich etwas zu Herzen nimmt, ein gutes oder böses Herz hat? Wie sieht es mit Herzensbeziehungen aus? Tränen reinigen das Herz, so sagt man, manchmal hüpft es vor Freude, manchmal ist es vor Kummer schwer.

Wer einen Platz im Herzen eines anderen Menschen hat, ist nie allein, und die Kälte der Welt vermag nichts gegen die Wärme des Herzens.

Herzchirurgen berichten immer wieder von seelischen und persönlichkeitsstrukturellen Veränderungen von Patienten nach Herztransplantationen. Kann man mit dem Herzen denken?

Wie ausgeprägt sind Herzensüberzeugungen?

*Wie ein Mensch in seinem Herzen denkt, so ist er*, sagt man, und *Mehr als alles andere hüte dein Herz*, sagt uns die Bibel.

Gott geht es um unser Herz, denn er gab das Seine für uns, und auch in der Heiligen Schrift wird das Herz über 800 Mal erwähnt und steht das Blut für das Leben an sich!

Ich meine und glaube zutiefst, dass unser Herz viel mehr ist als nur eine Pumpe, und dass unser liebevoller Vater im Himmel sich wie jeder menschliche Vater nach einer Herzensbeziehung zu uns sehnt, ohne die wir immer herzloser, liebloser und kälter werden würden.

Während eines Vortrags des berühmten Hörforschers Joachim-Ernst Berendt erklärte dieser uns, dass das erste Sinnesorgan, das sich beim Embryo entwickelt, das Ohr ist und er fragte uns:

„Was will das Baby im Mutterleib unbedingt hören? – Den Herzschlag der Mutter!"

Lieber Leser, lass uns in die tiefsten Ängste und Abgründe des Herzens schauen, aber gemeinsam auch die schönsten und herzlichsten Regungen entdecken, die wir in unserem Herzen tragen. Und lass uns auch das wunderbare und unendlich liebende Herz Gottes entdecken!

Dazu laden wir dich von Herzen ein, denn:

Es ist das Herz, das Gott spürt, und nicht die Vernunft. Das aber ist der Glaube: Gott im Herzen spüren und nicht in der Vernunft.[2]

---

[2] Blaise Pascal.

# KAPITEL 33

# Verschlossene und verletzte Männerherzen

Ich erinnere mich an einen „Fall" aus meiner Praxis, als ich ein 19-jähriges Mädchen behandelte, die nach der Trennung ihrer Eltern nun mit ihrem Vater um den Unterhalt streiten musste. Sie litt so sehr unter der Situation, dass sie sogar in der Psychiatrie behandelt werden musste.

Als ich zufällig mit ihrem Vater ein Vorgespräch führte, sprach ich ihn (mit ihrem Einverständnis) auf das Leid seiner Tochter an und behauptete, dass er sie doch bestimmt liebe. Für Sekunden kamen ihm die Tränen, wichen aber sofort wieder seiner inneren Verhärtung: „Sie ist von der Mutter manipuliert und hat auch viele Fehler gemacht." Ich konnte diesen Mann dann leider nicht mehr erreichen und weiter behandeln!

Eine andere 18-jährige Klientin schwärmte davon, wie ihr Paps sich die ersten vier Jahre ihres Lebens jeden Tag nach der Arbeit als erstes eine Stunde lang Zeit für sie genommen hatte und wie wunderbar dies gewesen sei. Als dann aber der Hausbau und ein zweites Kind gekommen seien, hätten diese wertvollen Vater-Tochter-Zeiten aufgehört und sie ihren Vater bis heute verloren!

In einer Gruppentherapie standen sich Vater und Sohn mit großem Abstand gegenüber und man konnte die Spannung zwischen ihnen förmlich spüren. Als ich den Sohn fragte: „Was wünscht du dir zutiefst von deinem Vater?", rief er spontan: „Am liebsten möchte ich auf seinen Rücken!" Sein Vater war in diesem Moment sehr berührt in seinem Herzen. Und nachdem der Sohn das Schicksal seines Vaters sehen konnte, wurde auch er weich und sprang schließlich huckepack auf den Rücken seines

Vaters! Dieses liebevolle Bild werde ich niemals im Leben vergessen.

Wie viele solcher Geschichten gibt es wohl? Wie viele Familien sind zerbrochen und wie viele Kinder haben ihren Vater schon seit Jahren verloren, sei es durch Trennung, Tod, oder auch durch Arbeit und innere Abwesenheit? Diese Vaterlosigkeit schlägt tiefe Wunden der Verunsicherung, sowohl im Herzen der Söhne, als auch der Töchter und führt meist zu mangelndem Selbstwert und Beziehungsunfähigkeit.

Ein Kind und Jugendlicher und auch Erwachsener (!) braucht die Liebe seines Vaters; Vaterliebe fühlt sich anders an, ist handfester als Mutterliebe und gibt Sicherheit, Schutz und auch Identität.

Zur gesunden Entwicklung braucht jedes Kind die Liebe und Wertschätzung von Mutter *und* Vater. Fehlt diese männliche Liebe, können wir nicht gesund und aufrecht ins Leben gehen, leben entweder weit unter unseren Möglichkeiten oder versuchen durch Anpassung, Leistung oder auch Rebellion doch noch die Aufmerksamkeit des Vaters zu bekommen.

Sehr oft kommen junge Männer mit vielen Fähigkeiten und einem wunderbaren Herzen in meine Praxis, aber sie wissen es nicht, weil es ihnen niemand gesagt hat und leben ein zurückgezogenes Leben voller Unsicherheit und Scham. Man kann sagen: Das Fehlen des Vaters (sei es äußerlich oder emotional) führt zu einer tiefen Wunde im Herzen ihrer Kinder, und statt dem so dringenden Segen des Vaters ernten sie einen „Fluch", der über Jahre und Jahrzehnte seine Wirkung weiter entfaltet.

So wie wir in der Bibel lesen, als Esau verzweifelt versuchte, den Segen des Vaters doch noch zu erhalten, nachdem sich Jakob diesen durch eine List von seinem Vater erschlichen hatte. *Esau sprach zu seinem Vater: „Hast du denn nur einen Segen, mein Vater? Segne mich auch, mein Vater!" Und er erhob seine Stimme und weinte* (1 Mo 27,38).

Wir Männer können in unserem Herzen unendlich hartherzig und verschlossen sein! Wir ziehen uns in unser Schneckenhaus zurück und sind trotzig, voller Wut und Selbstgerechtigkeit, was sich nicht selten auch in Form von Aggressionen zeigt. Ich spreche da aus eigener Erfahrung!

Leider habe ich mich in meiner Ehe in früheren Jahren auch nicht immer mit Ruhm bekleckert, und es war ein langer und steiniger Weg für uns beide, wirkliche Liebe und eine tiefe, von Vergebung und Wertschätzung getragene Beziehung aufzubauen. Ohne Gott in unserer Mitte wäre uns dies niemals gelungen! Obwohl wir beide damals schon gläubig waren, konnten wir unsere Liebe zueinander nicht dauerhaft stabil halten.

Trotz vieler, sehr schöner Erlebnisse und tiefer innerer Verbundenheit, kam es doch immer wieder zu Kämpfen und Auseinandersetzungen, die wir uns selbst nicht erklären konnten und die uns sehr leidtaten. Heute weiß ich, dass ich mich in diesen Zeiten von Gott und seiner Liebe, seinem Trost und seiner Kraft entfernt hatte und deswegen so ungeduldig, ängstlich und verletzlich war. Ich suchte meine Erfüllung und Bestätigung, meinen Sinn und meine Bedeutung im Anderen, aber dies alles kann uns kein Mensch auf dieser Welt geben!

Wenn ich das bekam, was ich (!) wollte, fühlte ich mich manchmal so gesegnet und glücklich. Doch in längeren Durstphasen verschwand dieses Gefühl schnell wieder und ich meinte, es sei mein Recht, Zeit und Liebe von meiner Frau einzufordern. Ja, ich war regelrecht eifersüchtig auf meinen eigenen Sohn! Wie oft explodierte ich früher und fuhr mit quietschenden Autoreifen davon, lebte meine Wut und verletzten Gefühle einfach destruktiv aus! Wie es meiner Frau und meinem Sohn damit ging, war mir damals vollkommen egal!

Ich erinnere mich auch noch genau daran, wie ich auf Gott wütend war und meine Frau vor die Wahl stellte, ER oder ICH! Gott sei Dank hatten beide Nachsicht mit mir und wussten um meine weiche und liebevolle Seite, die mein eigentliches Herz ist.

Ich musste allerdings erst 50 werden und auch durch so manche persönliche Krise hindurchgehen, um mich wieder mehr nach Gott auszustrecken und innere Heilung zu erfahren. Vieles, was ich in den schwierigen Zeiten erlebte und durchlebte war also im Nachhinein auch notwendig, um mich zu verändern und zu einem wirklich Liebenden zu machen.

Inzwischen tun mir die Verletzungen, die ich anderen zufügte, unendlich leid und ich muss aufpassen, dass sie mich nicht wieder einholen und ich mich selbst dafür verdamme. In Christus ist mir Heilung geworden, auch von meiner Schuld und meinem Fehlverhalten; mein Gewissen darf sich dadurch beruhigen.

In meiner Arbeit mit Tätern und Opfern sehe ich immer wieder die destruktiven Gedankenmuster, die uns in diesen Rollen verhaften lassen. Hier braucht es die Wahrheit, Gottes Wahrheit, um wirkliche Heilung zu erfahren. (Gottes Wahrheit ist ganzheitlich: Stell dir zum Beispiel eine missbrauchte Frau vor, die sich beschmutzt und wertlos fühlt, ja, auch voller Scham ist; und wie Jesus sie in den Arm nimmt und wieder aufrichtet, wie er es bei der „Ehebrecherin" in der Bibel tat: Er hat nicht nur ihre Sünden vergeben, sondern auch ihr Herz geheilt und ihre Würde wiederhergestellt!)

Ich weiß heute, dass all diese emotional schwierigen Zustände in meinem Herzen einem Mangel an Geliebtsein und unerfüllter Sehnsucht entsprungen sind. Doch bevor diese innere Wunde heilen konnte und meine Sehnsucht erfüllt wurde, musste ich in die Einsamkeit meines Herzens gehen, in die Trauer und den Schmerz, ja, mein Herz zunächst ganz und gar meinem Gott und Vater offenbaren, um Heilung zu erfahren. Dazu später mehr.

Eine echte Buße entspricht der Umkehr von allen Wegen, die uns von Gott wegführen oder ihm auch nur in kleinster Weise etwas vorenthalten, denn unser kleines menschliches Herz kann in sich selbst nicht dauerhaft Liebe erzeugen, sondern braucht die Erfahrung dieser Liebe täglich von außen, um in die innere Ruhe zu kommen.

Wir Menschen, und ich glaube in besonderer Weise wir Männer, wissen viel zu wenig, was echte Liebe bedeutet und wie sehr wir geliebt und liebenswert sind. Wir verwechseln Liebe mit einem Vertrag und kündigen diesen ohne Umschweife, wenn unsere (!) Bedingungen nicht ausreichend erfüllt zu sein scheinen. Dann gehen wir über Leichen, poltern und schreien und fühlen uns im Recht. Erst wenn die Scherben daliegen, bemerken wir, wie sehr wir damit uns und die Menschen, die wir lieben, verletzt haben. Oder wir wachen auf, wenn alles zerbrochen ist, und es tut uns unendlich leid.

Echte Liebe ist der Mutterliebe vergleichbar, ein Geschenk, nicht an Bedingungen geknüpft, lässt den anderen auch bedingungslos frei, opfert sich für den anderen auf!

Manchmal frage ich die Männer in meiner Praxis: „Würdest du für deine Frau sterben, falls der IS dies fordert?" „Natürlich!", ist dann meist die heroische Antwort. Doch das tägliche Sterben im Alltag, zum Beispiel nachts aufzustehen und die kranken Kinder zu versorgen, obwohl man am nächsten Tag arbeiten muss, das gelingt ihnen nicht.

Ich selbst habe mein Herz immer wieder verschlossen und verhärtet, was zur Folge hatte, dass alles noch viel schlimmer wurde – nur um dann wieder um Vergebung zu bitten und Versöhnung zu erhoffen. Aber gelernt habe ich daraus zunächst nichts.

Zwei Schlüsselmomente in meinem Leben führten mich dann zu einem echten Umdenken und auf einen neuen Weg des Lernens und der Heilung: Einer davon war, als ich nach einem heftigen Streit die tiefe Verletzung und Angst im Herzen meiner Frau sichtbar und emotional erlebte und genau wusste, dass ich der Auslöser war! Das wollte ich nie wieder erleben! Nie wieder wollte ich den Menschen, den ich zutiefst liebte, so verletzen und demütigen. Hier traf ich eine wichtige Herzensentscheidung, und dadurch begann ich mich zu verändern!

Zum anderen erlebte ich mich ja oft auch selbst als Opfer, verletzt, tief traurig und einsam in meinem Herzen, und gab indirekt meiner Frau und allen anderen Menschen die Schuld dafür. Bis ich eines Tages erkannte, dass diese Einsamkeit und dieser Mangel an Liebe, ja, auch diese Angst, schon immer in meinem Herzen gewesen waren; und ich hatte versucht, durch die Nähe zum anderen und manchmal auch durch Sex diese Ängste und schwierigen Gefühle zu bekämpfen oder zu kompensieren.

Erneut traf ich eine Entscheidung in meinem Herzen, nämlich mein Glück und Heil nicht mehr komplett von anderen abhängig zu machen, sondern zu schauen, was in mir selbst, in meinen Gedanken, in meinem Herzen noch nicht (!) in Ordnung, in der göttlichen Ordnung, ist. Dieser Weg führte mich schließlich wieder tiefer zu Gott hin, ihn zu suchen, sich für ihn Zeit zu nehmen, ihm Vorrang zu geben vor allem anderen, ihm mein Herz zu öffnen und ihm keine noch so kleine Kammer meines Herzens vorzuenthalten!

Dieser neue und kompromisslose Weg war aber alles andere als leicht, musste ich doch hierzu meinen Stolz ablegen, demütig mein Herz meinem Heiland hinlegen und mich auch mit den Verletzungen und dunklen Seiten in meinem Herzen beschäftigen.

Dazu mehr im nächsten Kapitel.

*Die Furcht des Herrn ist Zucht, die zur Weisheit führt, und ehe man zu Ehren kommt, muss man Demut lernen* (Spr 15,33 LUT).

# KAPITEL 34

# Wie aus einem stolzen Herzen ein demütiges wurde

Lieber Leser, nun sind wir mit dem Ende des letzten Kapitels in der „Mördergrube" meines oder vielleicht auch deines Herzens angekommen! Nein, keine Angst, ich habe niemanden getötet, oder vielleicht doch?

Nach den Worten unseres Herrn und Meisters Jesus in der Bergpredigt ist auch ein böses Wort wie „Du Narr!" oder „Blöde Kuh!" Sünde, die uns von seiner Liebe trennt und damit eine zerstörerische Wirkung hat. Auch Rufmord ist Mord und kann sehr schlimme Folgen haben, was man leider an den Beispielen von Mobbing sehen kann, die schon so manches Menschenleben kosteten!

Doch all die leidvollen Dinge und vor allem bösen Worte, die wir in unserer Kindheit erleben und im Laufe des weiteren Lebens hören, verletzen unser Herz zutiefst und je nachdem, wie wir mit diesen Traumata umgehen, sie verarbeiten und deuten, entwickelt sich dann eine „Krankheit im Herzen" (ein hartes, liebloses, eifersüchtiges, zerbrochenes Herz …) oder auch nicht. Es hängt viel von unseren Entscheidungen ab und den Hilfen, die wir in diesen Zeiten bekommen!

Wenn wir durch Lieblosigkeit von Menschen, deren Liebe wir brauchen und denen wir unser Herz geschenkt haben, zutiefst verletzt wurden, verlieren wir unsere Liebesfähigkeit und unser Vertrauen und beginnen, im Herzen hart zu werden.

Im Markusevangelium können wir lesen, dass nicht das den Menschen verunreinigt, was in ihn hineinkommt, sondern das, was aus ihm, das meint aus seinem Herzen, herauskommt:

*Und er sprach zu ihnen: „Begreift ihr nicht, dass alles, was von außen in den Menschen hineingeht, ihn nicht verunreinigen kann? Denn es geht nicht in sein Herz hinein ...*

*Denn von innen aus dem Herzen des Menschen kommen die bösen Gedanken hervor: Unzucht, Dieberei, Mord, Ehebruch, Habsucht, Bosheit, Arglist, Ausschweifung, Neid, Lästerung, Hochmut, Torheit; alle diese bösen Dinge kommen von innen heraus und verunreinigen den Menschen"* (Mk 7,18.21-23).

Für Jesus war es ganz klar, dass wir mit dem Herzen „denken" können, unser Herz verhärten oder ebenso für den Nächsten erweichen können und tief in unserem Herzen auch Entscheidungen treffen, welche für uns und andere große Konsequenzen haben.

Ja, ihm geht es um unser Herz, denn er hat es uns zwar geschenkt, aber uns aus Liebe auch die Freiheit gegeben, selbst in jeder Situation zu entscheiden, wie wir unser Herz lenken wollen: zum Guten oder zum Schlechten, zur Vergebung oder zur Vergeltung, zur Freude oder zum Zorn, zur Angst oder zur Liebe. Selbst die Freiheit, ihn abzulehnen, hat er uns gegeben, denn was wäre eine Liebe wert, wenn sie nicht aus freien Stücken kommt?

Wenn wir unser Herz ganz und gar und ohne Bedingungen verschenken, ist das auch in einer Liebesbeziehung das größte Geschenk, das wir einem anderen Menschen machen können.

Wie sehr muss uns Jesus geliebt haben und tut es auch heute noch, dass er sein Herz für dich und mich durchbohren ließ und damit unsere Schuld(en) beglich, sodass wir nun frohen und dankbaren Herzens freien Zugang zum Vater haben, wenn wir dieses Geschenk annehmen.

*Niemand hat größere Liebe, als die, dass er sein Leben lässt für seine Freunde* (Joh 15,13 LUT).

Wie oft habe ich diese Stelle schon gelesen, aber habe ich sie wirklich tief in meinem Herzen verstanden und geglaubt? Ja, rational habe ich sicherlich zugestimmt und war dankbar, aber im Inneren fühlte ich mich dennoch oft so leer und ungeliebt!

Ein wichtiger dunkler Fleck in meinem Herzen war Stolz, gepaart mit Selbstgerechtigkeit, das weiß ich heute. Ich dachte immer, wie gut ich bin, wie fleißig, wie nett, und dass ich doch ein bisschen mehr Liebe und Respekt von anderen erwarten könne. Erst die Krisen in meinem Leben brachten mein Ego ins Wanken, waren stark genug, die Aufmerksamkeit meines Herzens zu bekommen; und selbst dann war ich manchmal noch voller Vorwürfe, selbst Gott gegenüber.

Aber in seiner unendlichen, überreichen Liebe kam er mir gerade dort entgegen, wo ich versagte und ich mich von ihm abwandte – so wie der Vater in der Geschichte des verlorenen Sohnes diesem schon von Weitem entgegenlief – und dadurch brachte er mein stolzes und hartes Herz zum Schmelzen.

Vielleicht ging es dir ja manchmal genauso, lieber Leser. Und vielleicht kann uns das auch eine Lehre sein, unseren Kindern, Eltern, Partnern, Kollegen und Mitmenschen, welche oft so hartherzig und selbstgerecht wirken, ebenso mitfühlend und verständnisvoll zu begegnen. So wie Gott hinter jeder Lüge die Wahrheit sieht, hinter jeder Aggression die Angst, hinter jeder schlechten Tat die Vorgeschichte, so könnten auch wir uns zunächst einmal fragen: Wieso ist dieser Mensch so, wie er ist, wieso handelt er so, wie er handelt?

Dazu eine Geschichte, die mir während meines Krankenhausaufenthaltes vor drei Wochen passierte:

Ich lag mit einem älteren Mann im Zimmer, welcher sich über fast alles beschwerte und schimpfte und kaum ein Lächeln über seine Lippen brachte. Ich war verwundert und innerlich verärgert, doch wenn man drei Tage lang gemeinsam das Krankenlager teilt, kommt man sich näher. So erfuhr ich seine Lebensgeschichte, in der sein Vater nach dem Krieg nicht zu ihm und seiner Mutter stand und diese verstarb, als er erst sieben Jahre alt war. Von da an war er ganz allein. Einmal sagte dieser traurige Mann, falls er noch einmal diese Welt betreten müsse und er würde keinen Kronleuchter sehen, würde er die Augen gleich wieder zumachen! Mir standen bei diesem Satz Tränen in den Augen und mein Herz wurde weich für diesen armen, verbitterten, alten Mann und verletzten kleinen Jungen und ich versuchte, ihm von Jesus und seiner großen Liebe für ihn zu erzählen, was er zumindest rational in Betracht ziehen wollte. Am Ende unserer gemeinsamen Leidenszeit waren wir Freunde!

Als ich dann nach der Operation nach Hause kam, hatte ich sehr viel Zeit zum Nachdenken, und mein bisher so geordnetes Leben war und ist erst mal auf den Kopf gestellt worden.

Wie ich gerade so darüber nachdenke, läuft mir wieder eine Träne über die Wange, wenn ich an das Kommende und Ungewisse denke, das vor mir steht. Ich habe total die Kontrolle verloren! Dabei fühle ich mich so zerbrechlich, in meiner Mitte, meiner Identität getroffen und unsicher, aber zugleich unendlich dankbar für das Gute, das ich schon erleben durfte und wie liebevoll mich Gott trotz meiner Fehler und Schwächen bis hierhin geführt hat. Das will ich auch in Wüstenzeiten nie vergessen!

Im Moment lese ich ein Buch von Daniel Kolenda, wie man geistliche Wüstenzeiten überlebt; und es ist sehr einleuchtend, wie er erklärt, warum wir überhaupt durch Wüstenzeiten gehen und weshalb diese manchmal notwendig sind. (In den nachfolgenden Absätzen fasse ich immer wieder einiges aus diesem Buch mit eigenen Worten zusammen.)

Genau so, wie in einer einsamen Wüste, fühle ich mich derzeit. Zu Beginn meiner Diagnose erlebte ich diese als „Strafe" oder „Fern-Sein, Stillschweigen" von Gott und ich schrie in meinem Herzen: „Warum nur?" und „Wo bist du?"

Dabei führte Gott seine Kinder doch auch immer wieder in und durch die Wüste und sie gingen reifer, erwachsener und siegreicher aus dieser Erfahrung hervor: Moses war 40 Jahre (!) in der Wüste, bevor er seinen Dienst antrat, Jesus war 40 Tage in der Wüste und überwand dort den Teufel, und die Israeliten brauchten 40 Jahre für eine 11-Tages-Reise!

War dies Gottes Wille? Kolenda führt aus, dass Gott sein auserwähltes Volk lediglich für 2 Jahre in die Wüste geführt hätte, damit sie dort wachsen und reifen, Verantwortung und auch Demut für ihre kommende Aufgabe im gelobten Land lernen: Gott selbst und seine Liebe zu repräsentieren.

Ich weiß es nicht, lieber Leser, ob Gott mich in diese, meine Herzenswüste geführt hat, oder ob es andere Ursachen hat; bestimmt werde ich es irgendwann einmal erfahren. In vielen Dingen meines Lebens war ich es meist selbst, der mein Leid verursacht hat.

Was ich aber weiß und tief im Inneren spüre, ist, dass Gott bei mir ist, mich trägt und liebt und mich gestärkt daraus hervorgehen lässt. Ich lerne gerade meinen Herrn und liebevollen Vater noch viel besser kennen und ihm zu vertrauen und kann in meinem kleinen, ängstlichen Herzen vorsichtig sagen: „Nicht mein

Wille geschehe, sondern der deine!" – wie es Jesus im Garten Gethsemane sprach.

Gerade in den dunklen Zeiten unseres Lebens, wenn wir mit unserem „Latein" am Ende sind, sollten wir Gott suchen und ihm vertrauen, ja, dann erst lassen vor allem wir Männer es in unserem Herzen zu, dass ER uns führen und an frische Quellen leiten kann – mir ging es jedenfalls meistens so. Das nennt Kolenda die Wüste der Beförderung.

Dann gibt es auch noch die Wüste des Widerstandes, in der wir uns durch Ablehnung und Auflehnung gegenüber Gott immer mehr von ihm entfernen und unser eigenes Schicksal kreieren. Doch selbst hier war und ist Gott zu allen Zeiten und in allen Generationen treu wie ein guter Vater und sucht immer wieder, unser Herz und unsere Aufmerksamkeit zu gewinnen. Was für eine Liebe!

Die Wüste, lieber Freund, ist nicht der Ort der Abwesenheit Gottes, sondern im Gegenteil, es ist der Ort, an dem er seine Gegenwart auf neue und wundervolle Weise offenbar werden lässt. Das erlebe ich gerade in meiner Krise und ich denke, meinem Freund Michael geht es genauso.

Wenn ich dann wieder einmal traurig, ängstlich oder verzweifelt bin, weil ich nicht mal mehr zwei Stockwerke überwinden kann, ohne den Atem zu verlieren, dann zitiere ich mir Gottes Worte und Versprechen:

*Auch wenn ich wandere im Tal des Todesschattens, fürchte ich kein Unheil, denn du bist bei mir ... (Ps 23).*

oder

*Wer unter dem Schirm des Höchsten sitzt und unter dem Schatten des Allmächtigen bleibt, der spricht zu dem Herrn: Meine Zuversicht und meine Burg, mein Gott, auf den ich hoffe (Ps 91).*

Und tiefer Frieden und Ruhe breitet sich in meinem Herzen aus.

Nie in meinem Leben habe ich so viel gelernt, wie in diesen schwierigen Krisenzeiten oder auch durch die Fehler, die ich beging.

Eine besondere Erfahrung war auch eine „christliche Initiation ins Erwachsenwerden" nach Richard Rohr, die ich vor zwei Jahren miterleben durfte. Hier beschäftigten sich mehr als 40 Männer über fünf Tage lang mit ihrem ego-zentrierten Welt- und Selbstbild, ließen dieses mit Hilfe zerbrechen und „sterben". Wir trauerten miteinander, teilten uns in Kleingruppen unsere größten Wunden und unser Versagen mit, lagen uns weinend in den Armen, beteten miteinander und füreinander, schwiegen, fasteten und öffneten uns gegenseitig unsre Herzen.

Schließlich baten wir Gott um Vergebung, um Heilung und Wiederherstellung und erlaubten ihm, uns zu führen und zu leiten und zu den Menschen zu machen, die wir nach seinem Wunsch und Plan eigentlich sein sollten: echte, liebende und dienende Männer und Leiter!

Wie sehr kann ich heute auch als Vater eines mittlerweile jungen Mannes (14 Jahre) erkennen, wie wichtig all diese Prozesse des Leidens und Läuterns sind, um unser Herz zu lenken und zu formen, damit es auf gesunde Weise demütig wird und nicht stolz und hartherzig.

Und wie wenig verstehe ich noch das kostbare und sich selbst verschenkende Herz unseres Gottes, der sowohl als Vater, als auch als Sohn und Heiliger Geist alles hingab und riskierte, um mich und dich und vor allem unser Herz wieder für sich zu gewinnen!

So erlebe ich diese schwierige und verunsichernde Zeit auch als eine sehr kostbare und herausfordernde Zeit, fühle und erlebe noch einmal mein ganzes Leben wie in einem Film, bin unendlich dankbar und auch demütig und weiß immer mehr und tiefer in meinem Herzen, dass Gott mich liebt und nur das Beste für mich will!

Habe also keine Angst, unterzugehen, wenn die Stürme des Lebens kommen. Verschließe dein Herz nicht aus Groll oder Verletztheit. Lass nicht zu, dass Wut und Schmerz dauerhaft dein Herz einsperren, sondern vertraue dich jemandem an; wage es, dich auch in deiner Schwachheit zu zeigen und Hilfe anzunehmen.

Gott selbst wird dir dabei helfen, dich nicht verlassen noch versäumen, deine Wunden heilen und dein ängstliches Herz liebevoll in seinen gesalbten Händen halten. Davon bin ich überzeugt.

# KAPITEL 35

# Die richtigen Herzensentscheidungen treffen

In diesem Kapitel soll es um unsere Herzensentscheidungen gehen. Ich habe ja schon davon berichtet, wie ich in meiner Ehe und für mich selbst zwei wichtige Entscheidungen in meinem Herzen getroffen habe, und wie diese mich und meine Beziehung positiv verändert haben.

Ja, wir können mit dem Herzen denken, haben positive oder negative Überzeugungen, sind verbittert oder versöhnlich; und dort im Herzen spielt sich auch der gute Kampf des Glaubens ab. Unser Herz entscheidet über den Lauf unseres Lebens, unser Glück oder Unglück, unser Heil oder unser Verlorensein. Es geht um unser Herz, weil Gott selbst darin unsere Persönlichkeit, unseren freien Willen und vor allem unsere Liebesfähigkeit angelegt hat.

Gott ist Liebe; und Liebe zeigt sich immer in Beziehung und kann darin zu ihrer vollen Blüte und Schönheit heranreifen. Man sieht einer Frau an, wenn sie geliebt wird: Welch eine Schönheit strahlt dann aus ihr heraus!

Liebe liebt das Gute im anderen heraus, Liebe sieht das Schöne hinter all dem Hässlichen. Liebe sieht den Schatz im Acker, die Reinheit hinter der Scham, die Unschuld hinter der schlechten Tat.

Ohne Liebe können wir nicht leben, ohne Liebe gibt es keine Vergebung.

Liebe brachte Jesus dazu, ans Kreuz zu gehen und seinen Vater zu bitten: „Vergib ihnen, denn sie wissen nicht, was ist tun."

Liebe ist letztlich nicht nur ein Gefühl, nicht nur eine vernunftgesteuerte Sache, sondern zutiefst eine Entscheidung im Herzen, so wie auch Glaube.

Ich glaube nicht nur, dass meine Frau mich liebt, ich glaube ihrer Liebe und ihren Worten und habe mich dafür entschieden, sie zu lieben; und natürlich zeigt sich Liebe auch durch Taten, Worte und viele andere Dinge …

**Liebe kommt aus dem Herzen, und ich und du können uns für sie entscheiden!**

Ich habe lange gebraucht, dieses wichtige Geheimnis zu erkennen und mich entschieden, meine Frau zu lieben und sie als meine Traumfrau zu sehen, und das täglich! Weil sie das umgekehrt ebenso getan hat, können wir beide sagen: Ich habe den besten Ehepartner der Welt, er oder sie passt genau zu mir! Wir haben das Gute in uns „herausgeliebt" und uns aus Liebe für den anderen so verändert, wie er es braucht.

**Liebe denkt an den anderen und nicht an sich! Liebe ist bedingungslos!**

Natürlich braucht es auch Selbstliebe, sonst funktioniert eine Beziehung nicht, aber wenn wir beides haben, Nächstenliebe und Selbstliebe, werden unsere Ehen gelingen.

Damit wir aber den anderen bedingungslos lieben können, ebenso wie uns selbst, müssen wir Liebe in uns tragen und uns geliebt wissen; und das können wir nur durch die Liebe schlechthin, durch Gott! Darum hat ja Jesus auf die Frage, was das Wichtigste im Reich Gottes ist, gelehrt:

*Du sollst den Herrn, deinen Gott, lieben mit deinem ganzen **Herzen** und mit deiner ganzen Seele und mit deinem ganzen Verstand. Dies ist das größte und erste Gebot. Das zweite aber ist ihm gleich. Du sollst deinen Nächsten lieben wie dich selbst* (Mt 22,37-39).

Gerade heute kam eine Patientin mit unendlichen seelischen Schmerzen zu mir, weil ihre Beziehung wieder einmal am Ende war. Ihr Freund hatte ihr unter Tränen gesagt, dass seine Liebe zu ihr für eine Beziehung nicht mehr ausreiche.

„Ich fühle mich innerlich verbrennen. Mein Herz tut so weh! Es ist, als wenn es vor Schmerz zerbrechen würde", sagte sie voller Angst.

Da ich beide kenne und weiß, dass sie sich lieben möchten und es gut meinen, weiß ich, dass es in ihrer Beziehung nicht an

Liebe zueinander fehlt, sondern an Selbstliebe und an der inneren Gewissheit, von Gott geliebt zu sein und hier auf Erden einen Platz zu haben. Man kann das auch Urvertrauen nennen; und wir als Eltern stehen in der großen Verantwortung, unseren Kindern dieses Urvertrauen, dieses Geliebtsein und Liebenswert-Sein zu schenken. Meine Klientin war früher ein traumatisiertes, verlassenes und nicht geliebtes Kind. Und so erwartet sie nun unbewusst alle Liebe und alle Bestätigung von ihrem Partner. Und umgekehrt ist es genauso.

Das aber, liebe Leser, überfordert uns alle, und das können wir einander niemals geben – und auch uns selbst nicht. Das kann nur Gott, die Liebe selbst!

**Gott sei Dank (!), dass er sich für uns alle entschieden hat und diese Entscheidung niemals widerrufen wird! Seiner Liebe können wir uns in aller Ewigkeit gewiss sein!**

Ich kann und muss mich also in meinem Herzen für die Liebe entscheiden. Aber ohne sie selbst in mir zu tragen, wird es in Krisenzeiten und bei Durststrecken, in den Wüstenzeiten des Lebens, sehr schwer bis unmöglich sein. Ich weiß es von Michael und beabsichtige es auch selbst zu tun: mich täglich wieder neu zu entscheiden, Gott zu vertrauen, ihm zu glauben, trotz all meiner Ängste und Zweifel zu ihm zu gehen und mich von ihm durch diese schwierige Zeit tragen zu lassen. Die Liebe und das Wissen, geliebt zu sein, werden dadurch immer weiter wachsen.

Ich erlebe auch gerade, wie sehr mich meine Frau, mein Sohn, viele Freunde und Geschwister im Herrn lieben und fühle mich dadurch sehr getragen und geborgen. Ich bin von Herzen dankbar dafür! Mein Herz kann sich dadurch immer wieder beruhigen!

In jeglicher Beziehung muss ein Band des Vertrauens entwickelt werden, auch in unserer Beziehung zu Gott. Und das geschieht eben nicht nur in den guten Tagen, sondern auch und gerade in den schweren.

Ein Vers aus der Bibel (es sind ja die Worte Gottes zu uns) ist für mich schon lange sehr wichtig geworden, und ich habe ihn erst heute wieder neu entdeckt:

*Vertraue auf den Herrn mit deinem ganzen **Herzen** und stütze dich nicht auf deinen Verstand! Auf all deinen Wegen erkenne nur ihn, dann ebnet er selbst deine Pfade!* (Spr 3,5-6)

Was für eine gewaltige Zusage und auch Herausforderung, Gott bedingungslos zu vertrauen und ihn zu lieben. Das ist gerade vor meiner anstehenden Herzoperation so schwer und zugleich so tröstlich!

Ich könnte noch sehr viel über die echte Liebe, die Agape, schreiben, doch das würde den Rahmen dieses Buches sprengen. Lies einfach einmal mit mir in der Bibel 1. Korinther 13,4-8, das berühmte Hohelied der Liebe:

> *Nun aber bleibt Glaube, Hoffnung, Liebe, diese drei; die größ-te aber von diesen ist die Liebe ...*
> *Die Liebe ist langmütig, die Liebe ist gütig, sie neidet nicht, die Liebe tut nicht groß, sie bläht sich nicht auf, sie benimmt sich nicht unanständig, sie sucht nicht das Ihre, sie lässt sich nicht erbittern, sie rechnet Böses nicht zu, sie freut sich nicht über die Ungerechtigkeit; sondern sie freut sich über die Wahrheit; sie erträgt alles, sie glaubt alles, sie hofft alles, sie erduldet alles.*
> *Die Liebe vergeht niemals ...*

So ist wahre Liebe, so ist Gott, und er hat seine Liebe zu uns durch das Kreuz bewiesen! Jesus hat uns *sein* Herz bedingungs-los geschenkt, sodass *unser* Herz heil werden kann. Was für eine Liebe!

Ich selbst habe immer geglaubt, ich würde lieben, aber das war mehr mit meinem Verstand oder mit meinem Gefühl, doch wahre Liebe kommt aus dem Herzen, aus dem Geist.

Genauso erging es wohl damals Petrus, als er bezeugte, Jesus zu lieben und niemals zu verleugnen. Doch als er in der schwie-rigen Situation nach der Gefangennahme Jesu in Bedrängnis kam, verleugnete er seinen Herrn dreimal! Ich kann ihn gut ver-stehen und mir wäre es wohl genauso ergangen.

Und als Jesus ihm dann nach der Auferstehung wieder begeg-nete fragte er Petrus dreimal (!): „Petrus, liebst du mich?" Viel-leicht wollte er Petrus damit auch trösten, ermutigen und ihm helfen, seine wahre Liebe, die tief in seinem Herzen war, zu ent-decken.

Liebe wurzelt in einer Entscheidung, in Hingabe, nicht auf Ge-fühlen oder Umständen. Das darf ich gerade täglich neu erleben und mich dafür entscheiden. Ich darf meinen Liebeswandel mit dem Herrn und auch mit den Menschen um mich herum täglich neu einschätzen.

Lieber Leser, ich möchte dich gerne einladen, dies genauso zu tun: in deiner Partnerschaft, als Vater oder Mutter, als Sohn oder Tochter, als Arbeitskollege oder als Freund und auch in deiner persönlichen Beziehung zu Gott. Triff die Entscheidung zu lieben, ich bin mir sicher, du kannst es, denn du wurdest zuerst geliebt!

Lade Jesus in dein Herz ein, dann hast du einen guten Schatz darin und kannst daraus Gutes hervorbringen. Das ist die Zusage unseres Gottes.

# KAPITEL 36

# Heilung für das gebrochene Herz

Mittlerweile habe ich seit meiner ersten Operation wieder zwei Arbeitswochen hinter mir, und mir ist aufgefallen, wie sensibel ich für das Thema „Herz" geworden bin.

Manchmal sage ich meinen Klienten, dass ihr Herz krank sei und meine damit ihre Herzensüberzeugungen, ihre Liebesfähigkeit, ihr Vertrauen oder ihre Selbstliebe. Durch meine eigene Herzkrankheit sind mir all diese Themen viel näher zu Herzen gegangen und ich merke, dass mich Herzensangelegenheiten viel tiefer berühren und auch ich in meinem Herzen Heilung brauche – und das nicht nur organisch.

Es ist, wie wenn Gott mich während dieser Zeit ganz behutsam und liebevoll begleitet und mich darauf hinweisen möchte, dass auch ich in meinem Herzen Korrektur brauche, und mir zeigen möchte, woran mein Herz die meiste Zeit meines Lebens hing und wofür es brannte. So spüre ich nun mein Herz viel bewusster und tiefer und erkenne die bisherigen Wege meines Herzens besser, was manchmal auch sehr schmerzhaft ist.

Wie oft ging es mir äußerlich sehr gut. Ich war gesegnet, gesund und geliebt, und dennoch hatte ich oft Anflüge von Depressionen, Ängsten und auch bittere Gedanken. Ich beklagte mich über Kleinigkeiten, fühlte mich ständig gestresst und genervt, verlor meine innere Ruhe und meinen Frieden. Heute kenne ich ein gutes Gegenmittel dagegen, nämlich Dankbarkeit!

Wie oft fühlte ich mich früher in meiner Ehe einsam und traurig und beschwerte mich darüber bei meiner Frau und bei Gott, obwohl ich heute weiß, dass sie mich immer geliebt hat! Es ist mit der größte Schmerz im Herzen, wenn wir uns nicht geliebt fühlen oder die Liebe zu den Menschen verlieren, die wir am dringendsten brauchen. Genauso groß ist der Schmerz, den wir erleben, wenn wir erkennen, dass wir jemandem unsere Liebe vorenthalten haben, der diese Liebe dringend bräuchte. Dazu später ein wenig mehr.

In der Ausbildung zur Paartherapie habe ich gelernt, dass wir uns genauso stark an den Partner binden, wie ein Kind sich an die Mutter bindet. Diese sogenannte „sichere Bindung" ist lebensnotwendig und ermöglicht erst die innere Sicherheit und Freiheit, das Leben zu entdecken. Daher kommen wir so schnell in die Krise, wenn unsere Paarbeziehungen ernsthaft bedroht sind. Und vor allem wir Männer reagieren dann meist entweder mit Rückzug oder auch mit Aggression. Das führt natürlich zu neuen Verletzungen und Ängsten und zu einem oft nie endenden Teufelskreis: Der Mann schimpft, weil sich die Frau zurückzieht, sie zieht sich zurück, weil er schimpft! Manchmal geht dies ein Leben lang so.

Dabei wäre es so einfach, nämlich sich die Liebe und Wertschätzung täglich mehrfach auszusprechen und zu zeigen. Dann wächst das Band der Liebe zu einem festen, vertrauensvollen Band, zerreißt nicht gleich bei jeder Stimmungsschwankung und lässt den anderen frei.

Das gleiche Prinzip sieht man bei unseren Kindern. Ist das Band der Liebe zu den Eltern stabil, dann zerreißen sie zwar dieses Band in der Pubertät, um sich lösen zu können, knüpfen dann aber anschließend ein neues Band auf der erwachsenen Ebene. Wir verlieren ihre Liebe nicht!

Ich weiß noch, wie Michael uns mit seiner Familie besuchte und er seine kleine Tochter Laura fragte: „Hast du mich lieb?" Natürlich wusste er, dass sie ihn liebt, aber er weiß auch, dass seine Tochter es braucht, diese Liebe auszudrücken und ihm tut das genauso gut.

In unserer kleinen dreiköpfigen Familie sagen wir uns mehrmals täglich: „Ich hab dich lieb!" oder werfen uns ein „Bussi" zu, welches dann immer zurückkommt; und seither ist unsere Familie viel glücklicher und stabiler.

Ich fühle mich mit meiner Frau inzwischen wie in einer Hängematte aus Liebe; und wenn uns etwas von außen bedroht oder die innere Sicherheit durch Stress belastet wird, trägt diese Hängematte uns beide und wir beruhigen uns wieder.

Früher ging ich öfter in das Kinderzimmer meines Sohnes und beschwerte mich wegen der Unordnung, was sofort zu Gegenwehr von ihm führte. Heute entscheide ich mich dafür, meinen Sohn so zu sehen, wie am Tag seiner Geburt, als ich ihn das erste Mal in Händen hielt und mein Herz vor Liebe überfloss. Nie werde ich diesen Augenblick vergessen! Es war einer der tiefsten und schönsten Momente meines Lebens! Ich streichle ihm dann über den Kopf oder an der Schulter und bitte ihn, sein Zimmer aufzuräumen. Was ist dann die Antwort? „Klar, Paps, mache ich!"

Unser Herz ist so zerbrechlich, so zart, so liebesbedürftig und braucht diese Liebe so lebensnotwendig wie die Luft zum Atmen oder auch Nahrung.

Jesus antwortete auf die Versuchung des Teufels, als er nach einer vierzigtägigen Fastenzeit sehr hungrig war, dass der Mensch nicht vom Brot allein lebt, sondern von jedem (liebevollen) Wort, das aus Gottes (des Vaters) Mund kommt. Er wusste sich jede Sekunde seines Lebens geliebt, und das gab ihm die Kraft, Versuchungen zu widerstehen und Wüstenzeiten auszuhalten.

In Michaels Verband *Protactics* wird den Kindern genau das vermittelt, nämlich dass sie wertvoll, liebenswert und geliebt sind, genauso wie auch jeder andere, und das ist das beste Mittel gegen Mobbing und Ausgrenzung!

In meiner täglichen Arbeit erlebe ich leider immer wieder, wie Beziehungen zerbrechen, weil diese Liebe und Wertschätzung nicht ausgesprochen und gelebt wird – wie denn auch, wenn wir uns in unserem Herzen fühlen wie ein Fass ohne Boden, das bei mangelndem Zufluss leer und ausgetrocknet wird. Dann heißt es: „Ich habe keine Liebe mehr für dich."

Doch erinnern wir uns daran: **Liebe ist eine Entscheidung und sieht den anderen zuerst!**

Ihr kennt sicher die sogenannte Goldene Regel: „Was du nicht willst, dass man dir tu, das füg auch keinem andern zu." Allerdings führt das lediglich zum Waffenstillstand. Jesus formulierte es eher so: „Was du dir vom anderen wünschst, das gib du ihm zuerst!" Diese Haltung führt zu Nähe und Vertrautheit und schafft Liebe und Vertrauen!

**Wie kann unser Herz also heilen?** „Mehr als alles hüte dein Herz ... denn von ihm geht das Leben aus."

Wenn ich mir Gott als liebevollen Vater vorstelle, der Kinder haben wollte, und erkenne, wie unermesslich stark und bedingungslos seine Liebe zu mir ist, dann kann ich mich von Herzen freuen und meinen unendlichen Wert erkennen. Dann kann ich mich auch beruhigen, wenn mein Herz Angst hat, so wie jetzt, und ihm vertrauen und glauben, dass er es immer gut mit mir meint und das Beste für mich will!

Und ich erkenne dann sogar auch, dass Gott sich ebenso nach meiner Liebe sehnt, wie ich mich nach der Liebe meines Sohnes sehne und dass er „traurig" ist, wenn ich ihm diese Liebe nicht täglich schenke.

Der Unterschied zwischen der göttlichen und der menschlichen Liebe ist, dass Gott niemals unter Liebesmangel leidet und uns daher immer bedingungslos aus seiner unerschöpflichen Quelle trinken lassen kann. Jesus erklärte dies der Samariterin, welche er am Brunnen traf:

> Wer von diesem Wasser trinkt, den wird wieder dürsten; wer aber von dem Wasser trinkt, das ich ihm geben werde, den wird in Ewigkeit nicht dürsten, sondern das Wasser, das ich ihm geben werde, das wird in ihm eine Quelle des Wassers werden, das in das ewige Leben quillt (Joh 4,13-14 LUT).

Ich denke, Jesus spricht hier sinnbildlich auch von der Liebe, denn sie ist so lebensnotwendig wie Wasser.

In vielen biblischen Beispielen und Lebensgeschichten können wir das Herz des Vaters erkennen und seinen Wunsch, dass wir diese Liebe zu ihm und anderen auch ausdrücken und leben. Nicht, weil Gott ohne diese Liebe einsam wäre, denn Gott ist ja die Liebe, und der Vater, der Sohn und der Heilige Geist tanzen den ewigen Tanz der Liebe miteinander, sondern weil Gott weiß, dass wir diese Liebe brauchen, um richtig leben zu können.

Wir können uns absolut sicher sein, dass Gott immer bei uns ist, besonders in den Wüstenzeiten unseres Lebens, und uns alles zum Besten dienen wird, auch, wenn wir seine Nähe und Liebe nicht immer so spüren, wie wir das gerne hätten, und ebenso, wenn die Umstände gar nicht danach aussehen.

Vielleicht geht es uns dann wie den Emmaus-Jüngern (siehe Lukas 24,13-25): Obwohl Gott selbst bei ihnen ist und mit ihnen geht, erkennen sie ihn nicht. Ihr Herz ist voll Trauer, Wut und Enttäuschung, und so können sie ihn wohl nicht wahrnehmen. Das erinnert mich wieder an meine eigene Geschichte, und genauso ergeht es mir manchmal, wenn ich zulasse, dass Trauer, Angst oder Zorn sich in meinem Herzen ausbreiten.

Gott ist treu und seine Zusagen gelten ewig. Erinnere dich an das Beispiel der Israeliten in der Wüste, in der sie 40 Jahre lang auf so wunderbare Weise geführt, bewahrt und ernährt wurden:

*Denn der Herr, dein Gott, hat dich gesegnet in allen Werken deiner Hände. Er hat dein Wandern durch diese große Wüste auf sein Herz genommen. Vierzig Jahre ist der Herr, dein Gott, bei dir gewesen. An nichts hast du Mangel gehabt (5 Mo 2,7 LUT).*

Brauchst du Heilung für dein Herz, fühlst du dich einsam und verlassen, spürst du Angst und Schmerz in deinem Herzen, dann erinnere dich an all das Gute, dass Gott, dein Vater, bereits in deinem Leben getan hat. Du wirst bestimmt viele Dinge und Ereignisse finden, für die du dankbar sein kannst oder in denen du auf übernatürliche Weise bewahrt wurdest.

Lies und verinnerliche Gottes Zusagen, studiere die Lebensgeschichten unserer Geschwister im Herrn und wie er sie durch schweres Leid und Verfolgung getragen und geführt hat.

Auch heute, in den Zeiten zunehmender Christenverfolgung, gibt es viele Beispiele von Gottes Segen und Schutz. Meine Frau und ich haben schon viele solcher Erlebnisse mit Gott gehabt und erinnern uns gegenseitig immer wieder daran.

Verhärte dein Herz nicht, sondern wage es, zu ihm zu gehen mit all deinen Ängsten, Zweifeln und Beschwerden. Öffne dein Herz für deinen PAPA, dann wirst du erleben, wie Trost, Ruhe und auch innere Heilung geschieht.

Und wenn du dir nicht sicher bist, ob Gott dich wollte oder liebt, dann stelle dich unter das Kreuz und bestaune mit Johannes gemeinsam ehrfürchtig diesen Mann der Schmerzen, der all das aus reiner Liebe zu uns tat, für dich und für mich, um dein und mein Herz wieder für sich zu gewinnen.

Welchen größeren Liebesbeweis gibt es?!

# KAPITEL 37

# Das liebende Vaterherz

Wenn wir von tiefer und bedingungsloser Liebe sprechen, wie wir Menschen sie empfinden können und die der göttlichen Agape am nächsten kommt, dann fällt uns am ehesten eine liebende Mutter ein, die alles hingibt, nur damit es ihren Kindern gut geht. Sie würde sogar ihr Leben für ihre Kinder geben. Ich kann das tagtäglich bei meiner Ehefrau beobachten, wie sie alles für unseren Sohn und auch für mich tut, denn dann ist auch sie glücklich. So sind, glaube ich, alle Frauen, denn das ist ihr Herz!

Leider habe ich das früher nicht immer verstanden, da ich mich ja meist um mich selbst drehte und alles nie genug für mich war. Gott sei Dank sind diese Zeiten vorbei und ich entdecke immer mehr auch meine Liebe zu ihr und meine Liebe als Vater.

So möchte ich in diesem Kapitel besonders zu uns Männern sprechen, als Väter und als Söhne, als Enkel und als Großväter, und dir zeigen, wie wichtig es ist, dass wir unser Vaterherz entdecken. Denn Vaterliebe ist neben Mutterliebe das Wichtigste, was wir unseren Kindern schenken können. Wir Männer und Väter repräsentieren hier auf Erden ja auch Gott als Vater, und er hat uns darin eine sehr große Verantwortung gegeben.

Wenn wir unseren Kindern diese Liebe vorenthalten, ist es wie eine Art „Fluch", den wir über ihnen aussprechen. Einem anderen Menschen und besonders unserer Familie diese Liebe vorzuenthalten, ist genauso schlimm, als ob wir sie schlagen würden. Gott sagt indirekt in seinem Wort, dass auch mangelnde Liebe und Achtung für ihn Sünde sind, denn Sünde heißt ja *Zielverfehlung,* und das Ziel Gottes ist Liebe!

Ich habe diesen Schmerz einst erlebt, als unser Sohn etwa acht Jahre alt war. Wir waren bei unserer Verwandtschaft zum Grillen eingeladen, als unser Sohn plötzlich zu mir sagte: „Ich weiß gar nicht, was du mir (handwerklich) beigebracht hast. Wenn ich darüber nachdenke, fällt mir keine einzige Sache ein."

Bam!

Das schlug ein wie eine Bombe, und zu meinem Glück ging höflicherweise niemand darauf ein. Mir gab es einen Stich ins Herz und wir brachen bald danach auf. Diese Worte trafen mich sehr tief und waren überaus schmerzhaft. Der Gedanke, meinem Sohn kein guter Vater gewesen zu sein, als Vater vielleicht versagt zu haben, war eines der schlimmsten und schmerzhaftesten Erlebnisse, die ich jemals hatte. Ich fing noch während der Fahrt an zu weinen und konnte nicht mehr aufhören, sodass meine Frau weiterfahren musste. Unser Sohn fühlte sich schuldig, was wir natürlich sofort verneinten.

Ich kann mich noch gut daran erinnern, dass ich tagelang weinte und immer wieder an Immanuels Worte denken musste. Ja, ich musste aufpassen, nicht in Selbstmitleid zu verfallen, was die Sache noch viel schlimmer gemacht hätte.

Zu meiner Verteidigung muss ich sagen, dass ich meinen Sohn sehr liebte und liebe und sehr viel Zeit mit ihm gemeinsam verbracht hatte. Ich hatte ihm Schwimmen beigebracht, Fahrrad fahren, war mit ihm zum Sport gegangen und hatte viele Dinge gemacht, die Väter mit ihren Söhnen halt so machen. Kinder in diesem Alter können oft nicht abschätzen, was sie alles von ihren Eltern lernen, ohne dass es ihnen bewusst ist.

Doch diese Aussage hatte meinen eigenen Schmerz getroffen, den ich als Sohn erlebt hatte: Mein Vater war Handwerker gewesen, hatte sich aber keine Zeit dafür genommen, mir viel Handwerkliches beizubringen. Und das habe ich ihm innerlich oft vorgeworfen (!), genauso wie das, dass ich seine männliche Kraft zu wenig spüren konnte. Und nun bekam ich die Retourkutsche!

Inzwischen weiß ich, warum mein Vater so war, wie er war, denn er hatte seinen eigenen Vater im Krieg verloren und war vaterlos aufgewachsen. Ich bin ihm für so vieles dankbar und habe ihm verziehen. Genauso hoffe ich, dass mir mein Sohn verzeihen kann, wenn ich als Vater versagt habe oder noch versagen sollte.

Als Therapeut habe ich gelernt, wie wichtig Vaterliebe ist, und dass gerade die Söhne ihre männliche Kraft und den Segen von ihren Vätern bekommen müssen. Aber wir als Väter können unseren Söhnen nie alles geben, was sie brauchen, denn jeder Mensch ist anders. Dafür gibt es dann andere gute „Väter" und Leiter, die sie sich als Vorbilder nehmen können und durch die sie ihre spezifischen Fähigkeiten entdecken und entwickeln können.

Andererseits können wir unseren Söhnen sehr schaden, wenn wir innerlich abwesend sind, ihre Persönlichkeit nicht schätzen und uns wenig für ihre Welt interessieren. Durch meine Ichbezogenheit habe ich zeitweise fast die Liebe meines Sohnes verloren und er hatte Angst, sich mir zu öffnen und mir sein Herz zu zeigen.

So traf ich wieder eine Herzensentscheidung, die da hieß: „Ich will ein liebender, gütiger, geduldiger und vergebender Vater sein." Dadurch begab ich mich auf einen neuen, gesunden Weg.

Heute habe ich zu meinem Sohn das beste Verhältnis. Er vertraut mir in allem und dafür bin ich unendlich dankbar! Ich habe Gott sei Dank das Herz meines Sohnes wiedergewonnen, und das ist für mich der größte Erfolg als Vater und als Ehemann.

Liebe Männer, bitte lernt an meinem Beispiel, dass unser Erfolg nicht in erster Linie am Beruf, an Ansehen und Geld hängt, sondern dass wir am erfolgreichsten sind, wenn wir unseren Familien gut vorstehen. Das ist auch für Gott das Wichtigste. Wenn wir im „Kleinen" treu sind, kann er uns über mehr setzen.

Was die Vaterlosigkeit in einer Gesellschaft bewirkt, das können wir täglich in den Zeitungen lesen. Die jungen Männer und auch Frauen suchen sich dann Bestätigung von ihresgleichen, durch Drogen oder Imponiergehabe und viele andere schädliche Dinge und Verhaltensweisen. Das führt nicht selten zu schlimmen Konsequenzen. Kinder brauchen Mütter und Väter, um sich zu entwickeln, Männer brauchen Männer und Leiter, um ihre Kraft zu entdecken und diese Kraft in gesunde Bahnen zu lenken.

Wir Männer sind dazu berufen zu lieben, zu leiten, für das Gute zu kämpfen, zu führen, Wege zu bahnen und vieles mehr. Denken wir an die ritterlichen Tugenden, die in der heutigen Zeit leider nicht mehr viel gelten. Damit wir das lernen, brauchen wir in erster Linie Vaterliebe, aber auch liebevolle Zurechtweisung, Unterordnung (Demut) und auch Leidensfähigkeit. Wir müssen lernen, uns einer größeren Sache hinzugeben, unser Ego sterben zu lassen, um dem Großen und Ganzen dienen zu können. Und wir dürfen auch unsere Schwachheit und Begrenztheit zeigen.

Wenn wir vor unseren Söhnen auch mal weinen können und uns bei ihnen entschuldigen, wenn wir uns vor Gott demütigen und ihm dienen, dann respektieren uns unsere Kinder und können Männlichkeit von uns lernen.

**Die höchste Berufung als Vater ist, seinen Kindern den Weg zu Gott zu bahnen!**

Ich möchte gerne noch ein paar Gedanken zur Wichtigkeit des Vaterseins erwähnen, bevor ich auf das Vaterherz Gottes zu sprechen komme.

Ich kann dir versichern, lieber Leser, dass jeder Mann, der zu mir kommt, unter anderem deswegen sein Leben nicht bewältigen kann, weil er keine gute Beziehung zu seinem Vater hatte oder diesen gar nicht kannte.

**Jeder Mann hat eine Vaterwunde, und diese zu heilen, braucht – manchmal – ein ganzes Menschenleben.**

Ich erinnere mich an einen Mann, der als Handwerker in der Lebensmitte bereits eine Million angespart hatte und dennoch nicht zufrieden und glücklich war. Als ich ihn fragte, warum ihm das so wichtig sei, antwortete er mit Tränen in den Augen: „Mein Vater hat immer gesagt, ich sei nichts und könne nichts, und ich wollte es ihm zeigen, dass es nicht so ist."

Gestern sah ich mir ein Spiel der Fußball-WM an. Es war dieser Abend, als Christiano Ronaldo in einem Spiel drei Tore schoss und seine Mannschaft dadurch rettete. Er gilt ja als der beste Fußballer der Welt, aber auch als etwas eigensinnig und angeberisch. Auch er litt unter Vaterlosigkeit, und das mag es sein, was ihn zu diesen Höchstleistungen antreibt. Christianos Vater war schwer alkoholkrank und konnte sich nicht wirklich um seinen Sohn kümmern. „Ich habe meinen Vater nie kennengelernt", sagte er einmal in einem bewegenden Interview. „Ich will diesen Fehler nicht wiederholen."

Ja, Vatersein ist eine sehr große Herausforderung und lebenslange Aufgabe. Vatersein ist ein Fulltime-Job. Es reicht nicht, das Geld nach Hause zu bringen! Wir Väter müssen uns 100%ig für unsere Kinder entscheiden und interessieren und dürfen diese wichtige Aufgabe nicht unseren Frauen überlassen!

Während die Mutter für das Urvertrauen steht, die Geborgenheit und innere Sicherheit, die primäre Liebe, steht der Vater für die Identität, gibt uns Sinn und Halt im Außen. Mit diesen beiden

Segnungen und inneren Überzeugungen können wir dann gut ins Leben gehen.

Die Mutterliebe ist bereits von Beginn der Empfängnis an für das Kind präsent und quasi selbstverständlich. Die Liebe des Vaters dagegen ist nicht automatisch garantiert. Er muss sich dazu entschließen, das Kind zu lieben. Und das ist eine Herzensentscheidung! Der Vater ist der erste „Außenstehende", der das Kind annimmt und es segnet. Vaterliebe fühlt sich anders an. Sie repräsentiert für uns Männer den männlichen Teil unseres Selbst, von ihm geht eine kraftvollere Liebe aus, die sagt: „Ich traue dir das zu! Ich stehe hinter dir! Ich zeige dir, wie du das Leben schaffst!"

Es existiert eine tiefe, ureigene, unbegründbare Liebe des Kindes für seinen Vater.

**Vaterliebe ist neben Mutterliebe das Kostbarste auf der Welt!**

- Wir brauchen einen Vater, einen Lehrer oder Meister, der uns die Prinzipien des Lebens lehrt und uns auf unseren angeborenen Platz führt.

- Wir brauchen jemanden, der über innere Autorität verfügt und uns sagt, dass alles in Ordnung kommt, der uns zeigt, welche Kämpfe zu kämpfen sich wirklich lohnen.

- Wir brauchen alle jemanden, der uns vertraut und der uns fordert. Eigenartig, wie in der Gegenwart eines solchen Mannes Sicherheit und Selbstvertrauen wächst.

Es gibt ein natürliches Bedürfnis des Kindes, Vater und Mutter zusammen zu erleben. Dann erlebt es sich als Ganzes. Es ist dieses Gefühl der Vollständigkeit, wofür ein Kind seinen Vater braucht. Es muss von ihm hören:

„Ich bin dein Vater. Du bist mein Kind."

Das ist die Basis seiner Identität. Dann kann es sagen:

„Ich bin das Kind meiner Mutter und meines Vaters. Ich bin!"

# KAPITEL 38

# Gott als Vater

Jesus hat uns gelehrt, dass wir diesen mächtigen, „unsichtbaren", ehrfurchtgebietenden Gott ABBA, VATER (heute würde man sagen Papa, Paps, Babba) nennen und auf seinen Schoß hüpfen dürfen. Das war mit ein Grund, warum er hingerichtet wurde, denn dies war für die Juden Gotteslästerung.

Doch Jesus hat uns das Herz des Vaters offenbart. Auf die Bitte: „Zeige uns den Vater!", antwortete er sinngemäß: „Seht mich an, dann seht ihr den Vater!"

Schon im Alten Testament offenbarte sich Gott als guter Vater, der für seine Kinder sorgt, sie aber auch zu reifen Erwachsenen erziehen möchte. Und viele große Männer Gottes erlebten, dass sie ohne die Liebe und Kraft des Vaters ihr Leben nicht bewältigen konnten.

Genauso erging es mir in meinem Leben, und es nahm eine tiefe, positive Wende, als ich mich von ganzem Herzen zu Gott hinwandte und ihn als Vater erleben durfte! Früher kannte ich ihn nur vom „Hörensagen", jetzt kenne ich ihn wirklich.

Doch das war eben auch ein Weg in die Demut, in das Scheitern, zu den Schattenseiten meines Lebens und erforderte ein Sterben meines Egos. Wenn wir das zulassen, kann Gottes Liebe in uns wachsen und wir werden wirklich **„Männer nach dem Herzen Gottes"**!

Wenn Gott mein Vater ist, dann bin ich sein geliebtes Kind, und wenn ich an seiner Hand bleibe, an seinem Herzschlag, was sollte mir passieren? Wovor sollte ich mich fürchten? So wie ich meinen Sohn beschützen kann, wenn er in meiner Nähe bleibt und mit seinen Problemen zu mir kommt, so kann uns Gott bewahren, wenn wir stets in seiner Nähe bleiben. Sorgt euch um nichts, sondern trachtet zuerst nach seinem Reich (seiner Liebe), so wird euch dies alles hinzugegeben (nach der Bibel).

Liebe Leser, lasst uns zum Abschluss dieses wichtigen Kapitels noch ein paar Bibelstellen lesen, die inzwischen für mich persönlich Worte aus dem Herzen Gottes geworden sind. Du darfst diese Worte deines Vaters ebenso für dich beanspruchen. Er ist unser gemeinsamer Vater!

Gott, der Vater, hat sich für DICH entschieden und wird diese Entscheidung niemals mehr rückgängig machen. DU bist für ewig sein geliebtes Kind!

*Mein Vater bist du, mein Gott und der Fels meines Heils* (Ps 89,27).

*Du, Herr, bist unser Vater, unser Erlöser von alters her, das ist dein Name* (Jes 63,16).

*Haben wir nicht alle einen Vater? Hat nicht ein Gott uns erschaffen?* (Mal 2,10).

*Darum sollt ihr so beten: Unser Vater im Himmel!* (Mt 6,9 LUT).

*Jede gute Gabe und jedes vollkommene Geschenk kommt von oben herab, von dem Vater der Lichter, bei dem keine Veränderung noch eines Wechsels Schatten ist* (Jak 1,17).

*Seht, welch eine Liebe uns der Vater gegeben hat, dass wir Kinder Gottes heißen sollen! Und wir sind es* (1 Joh 3,1).

*Weil ihr aber Söhne seid, sandte Gott den Geist seines Sohnes in unsere Herzen, der da ruft: Abba, Vater!* (Gal 4,6).

# KAPITEL 39

# Lenke und verschenke dein Herz

Lieber Leser, wir haben nun ja schon des Öfteren festgestellt, dass man mit dem Herzen denken kann und unsere Herzensentscheidungen großen Einfluss auf unser Leben haben.

Während manche Menschen ihren Verstand in den Mittelpunkt stellen und nur das glauben, was sie sehen, sind andere wiederum sehr gefühlsbetont und machen alles, was ihr Herz begehrt. Doch beide Positionen sind nicht immer richtig. Die Bibel spricht ganz eindeutig vom Herz als dem wichtigsten „seelischen" Organ und vergleicht seine Entscheidungen mit den Früchten eines Baumes:

*... An der Frucht wird der Baum erkannt ... Denn aus der Fülle des Herzens redet der Mund. Der gute Mensch bringt aus dem guten Schatz Gutes hervor, und der böse Mensch bringt aus dem bösen Schatz Böses hervor* (Mt 12, 33-35).

*Ein guter Baum kann nicht schlechte Früchte bringen, noch kann ein fauler Baum gute Früchte bringen* (Mt 7,16-18).

Es ist also besonders wichtig, was wir in unserem Herzen zulassen, womit wir unser Herz füllen und welche Glaubensüberzeugungen wir im Herzen tragen.

Willst du ein guter Baum sein, der gute Früchte bringt oder ein fauler Baum, der schlechte Früchte bringt?

*Der Herr sieht auf das Herz* (1. Samuel 16,17).

*Gott kennt eure Herzen* (Lukas 16,15).

Am Ende unseres Lebens kommt es auf unser Herz an, wird all das Verborgene ans Licht kommen und unser Herz geprüft werden, *und dann wird auch einem jeden von Gott Lob zuteilwerden* (aus 1. Korinther 4,5 LUT).

Gott wünscht sich so sehr, dass wir ihm unser Herz schenken, damit er es in ein liebevolles Herz verwandeln kann:

*Gib mir, mein Sohn, **dein Herz,** und lass deinen Augen meine Wege wohlgefallen!* (Spr 23,26).

Gott möchte unser Herz nicht nur für sich selbst gewinnen, sondern er weiß auch, dass wir seiner Liebe bedürfen, damit wir einander von Herzen lieben können sowie uns selbst. Er sagt uns zu, dass er sich von uns finden lassen wird, wenn wir ihn von ganzem Herzen suchen werden (siehe Jeremiah 29,13).

Auch die schlechten Dinge in unserem Leben beginnen immer im Inneren des Herzens, was Jesus in der Bergpredigt lehrte (wenn wir zum Beispiel schon in Gedanken Ehebruch oder Mord begehen). Ein großes Problem beginnt meist ganz klein und wird dann zu einem großen Baum. Genauso ist aber ein Same im Reich Gottes erst einmal ganz winzig und wächst dann zu einem wunderschönen Baum heran, in dem die Vögel des Himmels nisten. Was für ein schönes Bild!

Wenn wir unser Herz für Gottes Liebe öffnen und es ihm schenken, wird er es heilen und zu diesem liebevollen Herzen machen, das wir uns doch eigentlich alle zutiefst wünschen.

Zurzeit frage ich meine Frau öfters: „Warum liebst du mich eigentlich so sehr?" Und ihre Antwort lautet: „Weil du Klaus bist, weil du Du bist so, wie du eben bist!" Sie erlebt mich jetzt viel liebevoller und geduldiger und auch ich selbst fühle mich so viel wohler und auch authentischer, denn in meinem Inneren bin ich wirklich so.

Denke daran: Gott selbst hat uns unser Herz geschenkt.

Zu meinem großen Glück und Segen hat meine liebe Frau immer dieses wahre Herz in mir gesehen, mich nicht aufgegeben, stets gehofft, um unsere Liebe gekämpft und mir vergeben. Und heute haben wir eine sehr glückliche und liebevolle Ehe, in der wir uns immer wieder unser Herz mitteilen und schenken. Es gibt keine Geheimnisse mehr, keine „Mördergruben".

Ich selbst bin ein offenherziger Mensch geworden und teile mein Herz sehr schnell mit Menschen, auch mit solchen, die ich noch gar nicht lange kenne. Und ich kann sagen, dass ich in meinem ganzen Leben noch nie deswegen verletzt oder ausgenutzt wurde. Unsere Offenheit öffnet das Herz des Anderen, und so kann Vertrauen und Freundschaft entstehen.

Mir gefällt eine Geschichte, die manchmal von Predigern erzählt wird:

Ein Mann hat ein wunderschönes Haus, und eines Tages klingelt es an der Türe und Jesus bittet um Einlass. Der Mann freut sich sehr, es gibt viele schöne Gespräche und schließlich bittet Jesus um ein Nachtlager. Der Mann gibt ihm sein schönstes Zimmer im Haus.

Einige Zeit später klingelt es wieder an der Türe und der Teufel möchte herein. Bevor der Mann es sich versieht, ist er schon in seinem Haus und quält ihn die ganze Nacht lang.

Am nächsten Morgen kommt Jesus herunter und der Mann wundert sich, dass er nichts gegen den Teufel unternommen hat!

Jesus antwortet ihm. „Mein lieber Freund, du hast mir ja nur *ein* Zimmer deines Hauses überlassen. Da du immer noch selbst der Hausherr bist, konnte ich die Tür nicht öffnen und mich um das Problem kümmern.

Der Mann versteht und gibt Jesus das ganze obere Stockwerk, aber in der kommenden Nacht passiert wieder genau das Gleiche. Und nach einer erneuten Beschwerde erklärt ihm Jesus liebevoll, dass er immer noch nicht öffnen darf, da er ja nicht der Hausherr ist.

Und so schenkt dieser Mann Jesus schließlich sein ganzes Haus und den Schlüssel. Und als der Teufel in dieser Nacht wieder hereinbrechen will, öffnet Jesus selbst die Türe, woraufhin der Teufel schnell verschwindet mit den Worten: „Ich hab mich an der Tür geirrt!"

So ergeht es uns, wenn wir unser Leben, unsere Belange und vor allem unser Herz Jesus nicht völlig schenken. Wenn wir bestimmte Gebiete oder Kammern unseres Herzens vor ihm verschließen oder geheim halten, kann er dort nicht wirken und die Unordnung beseitigen.

In meinem Leben habe ich das immer wieder beobachtet. Wenn ich mich von Gott entfernt habe und mein Herz mit negativen Dingen füllte, ging es mir schlecht und meine Beziehungen litten darunter. Wenn ich mich dagegen mit Gottes Wort und seinen Zusagen fülle, ihn überall um mich weiß, mit ihm rede, weine und manchmal auch klage, finde ich wieder zur Ruhe und innerer Frieden breitet sich aus.

Gottes Worte sind Nahrung für unsere Seele und unser Herz, die wir jeden Tag neu benötigen:

*Bewahre sie (die Worte Gottes) im Innersten deines Herzens! Denn sie sind das Leben denen, die sie finden, und heilsam ihrem ganzen Leib* (Spr 4,21-22, SLT, Ergänz. d. d. Autor).

*Der Mensch lebt nicht vom Brot allein, sondern von einem jeden Wort, das durch den Mund Gottes geht* (Mt 4,4 LUT).

So lege ich täglich mein Herz Gott hin, vertraue es ihm gerade jetzt, vor meiner anstehenden Herzoperation, vollkommen an, denn mehr habe ich nicht. Er hat mir schon längst bewiesen, dass er mich von Herzen liebt und mir das seine geschenkt hat!

So lade ich dich dazu ein, dich ebenso mit deinem Herzen und deinen Gedanken und Entscheidungen zu befassen und alles dem liebevollsten „Menschen" im ganzen Universum zu schenken, den es gibt: JESUS CHRISTUS

Ja: ***Mehr als alles hüte dein Herz, denn von ihm geht das Leben aus ...*** (Spr 4,23 SLT).

# Ein Wort danach

Lieber Leser, ich habe dir nun, wie Michael auch, mein Herz offenbart und dich hineinschauen lassen, auch in die schwierigen und ängstlichen Kammern. Und ich hoffe, dass es dir dient und hilft, auch dein Herz zu offenbaren und die richtigen Herzensentscheidungen zu treffen.

Ich bin noch lange nicht am Ende meines Weges und dort, wo Gott mich haben möchte. Und ich werde bestimmt auch wieder Fehler machen, doch ich weiß, dass mir vergeben ist und zu wem ich mich hinwenden kann, um Korrektur und Trost zu bekommen.

Egal, was in den kommenden Wochen passieren wird, ich vertraue in meinem Herzen meinem Vater, und das lässt mich meinen Weg in Hoffnung gehen.

Ich möchte mit einem Text schließen, den ich vor etwa zwei Jahren schrieb und der tief aus meinem Herzen kommt.

Dir, lieber Leser, möchte ich nun von Herzen danken, dass du dir die Zeit und das Vertrauen genommen hast, meinen Worten zu folgen. Das ehrt mich sehr! Vielen Dank dafür! *Und sei behütet in deinem Herzen!*

## Aufwachen

Vor zwei Wochen beklagte ich mich noch, dass Gott so wenig mit mir spricht – jetzt fühle ich, dass er durch Alles zu mir redet: meinen Nächsten, den Rosenzweig und Marienkäfer, den Regenbogen und durch alles, was mich umgibt.

Bis vor kurzem dachte ich, dass mein Leid, welches ich fühlte, Unrecht ist – jetzt weiß ich, dass es mich lehrte, zu ihm zurückzufinden.

Lange war ich der Überzeugung, viel zu wissen und mit dem Verstand heil und heilig werden zu können – nun ist es in mir eine Wahrheit geworden, dass ich nichts weiß und er alles und dass er mein Lehrer und Meister ist.

Jahrelang machte mich die Angst klein, von Menschen nicht anerkannt oder beurteilt zu werden – jetzt bin ich frei von dieser Angst, da ich weiß, dass er mich nie verurteilen würde.

Immer wieder habe ich selbst abschätzend auf Menschen herabgeschaut und mich als richtiger erachtet – nun bedauere ich dies zutiefst und sehe in jedem Menschen Gottes Angesicht.

Viele Jahre quälten mich Schuldgefühle ob der Verletzungen, die ich anderen Menschen zugefügt hatte – jetzt, nachdem ich sie bedauerte und mich trotz meiner Fehler und Schwächen von ihm geliebt weiß, kann ich sie loslassen und heil werden.

Oft setzte ich mich unter Druck, alles richtig machen zu müssen – nun kann ich sein, wie ich bin und zu mir und meiner Persönlichkeit stehen, denn ich weiß, dass er mich so wollte, wie ich bin.

Mein Leben lang quälte mich die Sehnsucht nach Ruhe, Frieden und Stille und ich konnte sie nirgends finden – heute lasse ich diese einfach geschehen und finde sie sogar mitten in der Hektik des Alltags.

Immer wieder suchte ich in süchtigem Verhalten nach Befriedigung meiner unstillbaren Sehnsucht – nun bin ich angekommen und brauche nichts so sehr wie SEINE Nähe.

Tausende Male habe ich versucht, aus meinen inneren Gefängnissen auszubrechen und meine Schwächen zu kontrollieren – endlich weiß ich, dass wahre Freiheit bedeutet, das zuzulassen, was mir nicht guttut, und nicht immer Recht haben zu müssen.

Stets lebte in mir ein Gefühl der Minderwertigkeit und des Abgelehntwerdens – jetzt bin ich bei *ihm* und damit bei *mir* angekommen und weiß es mit Gewissheit: ICH BIN GOTTES INNIGST GELIEBTER SOHN!

# ABSCHLUSSGEDANKEN

von Michael Stahl

Mitten aus unseren Herzen schrieben Klaus und ich. Mitten in unseren Herzenskrisen, die uns allerdings nicht hindern unser Herz zu teilen.

Hat es dir geholfen, dich von allem zu lösen, was dich bremst? Hast du die Segel gesetzt? Hörst du auf dein Herz, bzw. auf den, der hoffentlich darin wohnt? Spürst du den Fahrtwind? Die Liebesbrise, die von allen Seiten um dein Herz weht? Vertraust du dem Kapitän, dass er dich trotz aller Wellen und Stürme sicher zum Heimathafen lotst?

Siehst du nun mehr mit den Augen des Herzens? Hörst du mit den Ohren des Herzens? Verstehst du andere vielleicht besser – deinen Papa, Großvater oder andere Männer, vielleicht sogar dein eigenes Männerherz?

Klaus schrieb einen besonderen Satz, irgendwie so beiläufig, aber für mich persönlich so wunderbar: „Liebe liebt das Gute bei einem Menschen heraus."

So danke ich unseren Gastautoren, dass sie uns, dir und Gott dienten und ein Teil dieser Reise waren bzw. sind; danke für ihr „Herz" und ihre Liebe. Danke von Herzen allen, die zu diesem Buch beigetragen haben.

Während ich nun, nach meinem Herzinfarkt, wieder mehr und mehr gesunde und am Leben teilnehmen kann, steht bei meinem guten Freund Klaus nun seine schwere Herz-OP an. Doch er weiß sich und sein Herz in guten Händen und ich seines und meines auch. So wünsche ich dir von Herzen, dass auch du mit deinem Männerherz dich sicher und geborgen in den Händen

Gottes weißt, dem Kapitän deiner Lebensreise, dem Liebhaber deines Herzens und allen Lebens.

Von ganzem Herzen wünsche ich dir und deinen Lieben Gottes guten Segen, auch bei allem, was du tust, und ganz speziell deinem „Männerherzen", dass es keine Geheimsache bleibt, sondern offen wird, um Liebe zu empfangen und zu geben.

HERZlichst,
Michael Stahl

# ÜBER DIE AUTOREN

**Michael Stahl** ist Fachlehrer für Selbstverteidigung. Als Gewaltpräventionsberater arbeitet er für TV-Sendungen sowie an Schulen, in Heimen, Gefängnissen, Kindergärten, Gemeinden, Internaten und Firmen.

Bekannt wurde er als Bodyguard für Prominente (Muhammad Ali, Nena, Fürstin Gloria von Thurn und Taxis u.a.)

Er wurde 2009 mit dem „WERTE AWARD" und 2015–2019 mit „SOZIAL ENGAGIERT" ausgezeichnet. Er ist verheiratet und hat zwei Kinder.

Webseite: www.protactics-stahl.de

**Dr. med. Klaus Hettmer** ist Facharzt für Psychotherapeutische Medizin und seit 15 Jahren niedergelassen in eigener Praxis. Er ist verheiratet und Vater eines Sohnes.

„Als Mann und Vater bin ich seit längerem auf der Suche nach der eigenen Männlichkeit und dem gottgegebenen Plan für mein Leben. Eine tiefe Sehnsucht lässt mich immer wieder auf die Suche danach gehen."

Webseite: www.dr-klaus-hettmer.de

*Ein weiteres Buch der Autoren:*

Michael Stahl / Klaus Hettmer

**Deine Sehnsucht nach dem Paradies**

192 S., Paperback

Jeder Mensch sehnt sich nach wahrer Liebe, bedingungsloser Annahme und echtem Frieden. Ohne Gott sind wir jedoch der Herrschaft von Lüge, Gewalt und Hass hilflos ausgeliefert.

Gott aber hat von Ewigkeit her einen anderen Plan für uns. Er will uns das verlorene Paradies wieder zugänglich machen. In Jesus Christus hat er den Teufelskreis menschlicher Schuld und Sünde durchbrochen und alles dafür getan, um uns Zukunft und Leben zu geben.

## 53 Männer

*Abenteuer zwischen Gazastreifen und See Genezareth*

144 Seiten, Paperback

Was für eine liebevolle und verrückte Bande! Das könnte man über die 53 ganz unterschiedlichen Männer, die sich zu einer Israelreise zusammentun, spontan denken. Eine Woche wie die Ölsardinen zusammengepfercht und doch kein böses Wort, sondern Lachen, Ernsthaftigkeit, tiefe Gespräche und Männertränen – ohne Scham!

Begleite diese illustre Schar auf den staubigen Wegen Israels, auf denen einst Jesus Christus unterwegs war. Erfahre mit ihnen die besondere Atmosphäre im Garten Gethsemane, schippere mit ihnen ein Stück über den See Genezareth und wirf mit ihnen einen Blick auf den Gazastreifen.

Erlebe den Frieden, den diese Welt nicht geben kann, den jedoch viele dieser Männer gespürt haben.

## MutMacherKiste

*Aufstehen – Lieben – Kämpfen – Siegen*

114 Seiten, Wire-O-Bindung, vollfarbig

Michael Stahl – der MutMacher in Person – hat seine wichtigsten Erfahrungen der letzten Jahre zusammengetragen: viele faszinierende Geschichten über Wunder und Vergebung, die tief berühren.

Der Grafiker Rainer Zilly hat daraus ein kurzweiliges, ästhetisches und praktisches MitMach-Buch gestaltet – eine Fundgrube für alle, die neuen Mut brauchen, anderen Mut machen wollen oder gerne einfach interessante Geschichten und Berichte lesen.

## MutMacherKiste, die zweite

*Geschichten voller Wahrheit, Leben und Liebe*

128 S., vollfarbig, Wire-O

Dies ist eine besondere Sammlung von Mut machenden Geschichten, Berichten und Erlebnissen. Michael Stahl, Rainer Zilly und viele ihrer Freunde erzählen von Momenten aus ihrem Leben, von Glaube, Hoffnung, Liebe, Freude, Wut und Trauer … Es sind Geschichten, die alltäglich, außergewöhnlich, wundervoll oder spektakulär sind: Heilung von Krebs, Überwindung von Angst, Gebetserhörungen oder eine Begegnung im Himmel.

Mit dabei sind Josef Müller, Colin Bell, Gina Lippert, Arno Backhaus, Simon Gegenheimer, Jana Highholder, Mandy, Simone Langendörfer, Frank und Brigitte Krause, Dr. Klaus Hettmer, Hilda Kaufmann und andere interessante Autoren.

## Maja Loretta – Post aus den Wolken

*Es ist nicht wichtig, wie lange du lebst, sondern wie du lebst;* 80 S., gebunden, vollfarbig

„Post aus den Wolken", so lautete die Überschrift des Abschiedsbriefes von Maja Loretta, die mit sechzehn Jahren an Krebs verstarb. Diesen Brief hatte sie für ihre eigene Trauerfeier verfasst. Maja wollte die Welt verändern. Wer ihr begegnete, wer in ihre Augen sah, wer ihre unbeschreibliche Freude und Dankbarkeit erlebte, dessen Leben wurde schon in wenigen Augenblicken ein Stück zum Guten verändert.

Trotz schweren Leidens und vieler Operationen war sie erfüllt von der Liebe Gottes. Wenn Sie von Jesus Christus sprach und davon, dass sie bald nach Hause gehen würde, spürten die Zuhörer, dass dieses Mädchen von einer Liebe getragen wurde, die nicht von dieser Welt war. Majas Liebe soll weiterleben, nicht nur im Himmel, sondern auch unter uns. Michael Stahl und einige ihrer Freunde haben ihre Geschichte aufgeschrieben.

## Verbranntes Männerherz

*Auf der Suche nach Männlichkeit* (Roman)

120 Seiten, Paperback; **auch als Hörbuch erhältlich!**

Joe, der alles hat, was ein moderner Mann haben sollte, zweifelt an sich und seiner Männlichkeit. Auf der Suche nach Sinn begibt er sich auf eine abenteuerliche Reise.

Er begegnet einem mysteriösen Fremden, der ihm alle Fragen beantwortet, die ihn jahrelang gequält haben. Joe fängt an, an Gott zu glauben und ihn zu lieben. Unfassbare, unerklärliche und wunderbare Dinge geschehen. Wagen Sie mit ihm einen Blick in den Himmel.

### Daniel Gröber / Michael Stahl
### Hunger ... beginnt mit einer Sehnsucht

*Wie wir Körper und Seele ins Gleichgewicht bringen*

128 S., Großformat-Paperback, vollfarbig

Warum essen wir zu viel, wenn unsere Seele hungert? Wie kommen wir davon los und zu einem gesunden Lebensstil?

Mit klaren Worten, aber auch viel Herz geht dieses Buch nicht nur dem Hunger in seiner tieferen Bedeutung auf den Grund, sondern zeigt uns auch den Weg aus der seelischen Wüste – und darüber hinaus, wie wir die Pfunde auf den Rippen wieder loswerden können.

## Wayne Jacobsen, Geliebt!

*Tag für Tag in der Zuneigung des himmlischen Vaters leben*
240 S., Paperback

Jeden Tag ein Leben zu führen, in dem wir völlig sicher sind, dass wir bedingungslos von Gott geliebt sind – ist das wirklich möglich, und wie sieht das konkret aus?

Wayne Jacobsen bringt uns Schritt für Schritt nahe, wie tief die Liebe Gottes zu uns tatsächlich ist. Wir entdecken dabei, dass wir nicht zu Sklaven, sondern zu Söhnen und Töchtern berufen sind. Die liebevolle Zuneigung unseres Vaters im Himmel gilt uns in allen Umständen. Wir erfahren eine lebendige Beziehung zu ihm, die uns von der Qual der Scham befreit und uns so verändert, dass wir als seine Kinder leben können.

## Christoph Fischer, Der Weg eines Sohnes

*Wie die Liebe des Vaters uns in unsere Identität und Berufung hineinführt;* 112 Seiten, Pb.

Auf eine authentische, lebensnahe Art nimmt uns Christoph Fischer mit auf seine Reise zu einer innigen Beziehung zu Gott und in seine Berufung hinein. Dabei scheut er sich nicht, die Herausforderungen des Alltags ungeschminkt wiederzugeben und aufzuzeigen, wie wir als Sieger daraus hervorgehen können.

Eine praktische Anleitung, wie wir den Lügen des Teufels hinsichtlich unserer Identität und Berufung widerstehen und die Wahrheit Gottes ergreifen können.

## Jonathan Welton, Augen der Ehre

*Befreit leben in Reinheit und Gerechtigkeit,* 248 S., Pb.

Um ein Leben in Reinheit und Gerechtigkeit zu leben, braucht es keine Übungen zur Verhaltensanpassung, sondern eine korrekte Offenbarung über unsere Identität in Christus.

Im zweiten Teil geht der Autor auf die Bereiche ein, die häufig Fallstricke für jeden darstellen, der nach einer gerechten Lebensführung trachtet. Und zum Schluss stellt er einen völlig anderen Ansatz vor, wie wir unsere Geschwister durch den Glauben betrachten sollten.

Das Buch ist zwar unter dem Aspekt der sexuellen Reinheit für Männer geschrieben, ist aber durch seinen allgemeinen Ansatz eine gute Grundlage für Männer und Frauen, jegliche Art von Versuchung oder Sucht zu überwinden.

### Blake K. Healy, Durch den Schleier sehen

*Eine Einladung in die unsichtbare Welt;* 176 S. Paperback

Blake K. Healy sieht Engel und Dämonen seit seiner Kindheit – und zwar so klar wie natürlich sichtbare Dinge. Er sieht zum Beispiel Engel in Anbetungsgottesdiensten tanzen und Ermutigungsworte in die Ohren von Menschen flüstern, doch genauso sieht er auch Dämonen, die sich an Leute heften und so Abhängigkeiten, Lügen und Bitterkeit in deren Herzen und Gedanken aufrechterhalten.

In diesem Buch erzählt er einige dieser Begegnungen und wie er in dieser Gabe reifte und dabei die Angst und Verwirrung über die Dinge, welche er sah, überwand.

### Frank Krause und Klaus Herrmann
### Du sollst leben!

*Ein aktueller Bericht über eine ganzheitliche Heilung*
96 S., Paperback

Hier wird eine aktuelle Geschichte, die das Leben geschrieben hat, erzählt – eine sowohl göttliche als auch menschliche Geschichte, die uns etwas darüber zeigt, wie Gott heute heilt.

Wir begleiten ein Ehepaar auf seinem Weg durch die Prozesse, die sie aufgrund einer unheilbaren Krebserkrankung der Ehefrau durchlaufen mussten. Wir blicken tief in die Geschichte von Tragödie und Triumph, aber ebenso auf die Entfaltung eines erstaunlichen Glaubens, der an Gottes Wort festgehalten hat.

### Dr. Larry Richards
### Die volle Waffenrüstung Gottes

*Gut geschützt gegen die Angriffe des Bösen;* 208 Seiten, Pb.

Die Bibel macht deutlich, dass ein Großteil unserer Unsicherheiten, Ängste und Zweifel auf den Machenschaften böser Mächte beruhen. Deshalb ist es so entscheidend, dass wir sowohl die Strategien kennen, die Satan benutzt, um uns anzugreifen, als auch die Rüstung, die Gott uns zur Verfügung stellt, um uns dagegen zu schützen.

Eine biblische Dämonologie, Hilfen zum Umgang mit dem Bösen in der Seelsorge sowie Lektionen für „Lebe-frei-Selbsthilfegruppen" runden das Buch ab.

---

Bestellen Sie im Buchhandel oder direkt beim Verlag:

GloryWorld-Medien | Beit-Sahour-Str. 4 | D-46509 Xanten
Fon: 02801-9854003 | Fax: 02801-9854004 | info@gloryworld.de

Aktuelles, Leseproben, Downloads & Shop: **www.gloryworld.de**